佐藤優の集中講義

民族問題

佐藤 優

文春新書

1142

佐藤優の集中講義　民族問題

目次

第三講　「民族」は作られるか
――アンダーソン『想像の共同体』批判

第一講　なぜ日本人は民族問題がわからないのか

大民族・日本人の盲点

今回の連続講義では「民族」という問題、それからナショナリズムについて、古典的な著作などを参照しながら、一歩踏み込んだ議論をしていきたいと思います。

なぜ民族なのか？　この問題をいま扱わなくてはならない理由は二つあります。

いま民族問題が重要性を増している第一の理由、それはグローバル化の急激な進展です。冷戦終結以降、国境を越えたヒト・モノ・カネの移動が加速したことにより、移民・難民の増大、労働者間の国際競争、さらには国際的なテロの拡散などが、それまでとはケタ違いの規模で生じている。そして、それは様々な形で、民族意識を激しく刺激しています。トランプ米大統領就任後、メキシコの壁、中東・アフリカ七カ国からの入国規制や、白人至上主義をめぐる衝突などゴタゴタが絶えませんが、これも世界的に拡散する民族問題の一つのあらわれと捉えることもできるでしょう。

そして、もうひとつは、我々ほとんどの日本人にとって、民族というのは、非常にわかりにくい問題だからです。それは「日本人」というのが大民族だからなんですね。いわゆる「日本人」は数の上でも一億人を軽く超えます。これは国際的にも大きな存在感です。しかも、その居住範囲も日本列島に集中していて、その領域において圧倒的な大多数を占めている。そういう「大民族」なんです。

日本の中にももちろん少数民族はいます。例えばアイヌ人は、自らが自己決定権を持つ形での先住民族だということを主張していますし、国際的にも、日本の国内法でも、それは認知されています。

また在日韓国人・朝鮮人のように、日本にずっと暮らしていても、自分のエスニシティ――「民族性」とも訳されますが――、自分がどういう民族かと聞かれると、韓国・朝鮮に帰属しているという自己意識を持つグループがある。ここには日本国籍を持っている人たちもふくまれます。かつては在日韓国人のための団体の呼称は、在日本大韓民国居留民団でした。それが一九九四年に「居留」をとって在日本大韓民国民団となった。これはどうしてかというと、居留民団という立場だと、日本国籍を取得した人たちはメンバーになれないわけです。今は日本国籍を取っていても、民団のメンバーになれる。つまりエスニシティとナショナリティ（国民性、国籍）はズレることもあるということです。

こうした人たち、少数民族の側に身を置くグループは、民族問題が皮膚感覚でわかる。

ところが、残りの圧倒的大多数の日本人にとっては、自分たちには関係ない、ごく少数の人たちの問題ということで、「見えない問題」となってしまうのです。

しかし、世界に目を向けると、どうでしょう。ひとつの国家の中で複数の民族がせめぎ合い、時には暴力的な衝突を起こす、さらには国家の枠組みさえも超えて、アイデンティティを共有する集団がぶつかり合う。そんな光景が日常的に繰り返されているのが現状です。そうしたなかにあって、日本人の大多数は、そうした争いの核にある「民族問題」への感度が低い。そのために、国際問題を理解する際に、どうしてもピントが甘くなってしまうのです。

感覚的にわかりにくいものは、まず知的に理解し、その上で実際の状況に接して感度を上げていくほかありません。今回の講義でベネディクト・アンダーソンの『想像の共同体』、アーネスト・ゲルナー『民族とナショナリズム』、アントニー・スミス『ネイションとエスニシティ』などの民族論、ナショナリズム論の古典的著作を取り上げるのはそのためです。

新しい「民族」が生まれるとき

多くの日本人は、「日本人」「日本民族」というものを自明のものだと捉えていて、古来からずっと続いてきた、実体のあるまとまりだと考えていると思います。ところが、ここにすでに落とし穴があります。

「日本民族」の歴史といえば、かつては「皇紀二六〇〇年」といって神武天皇以来二〇〇〇年以上続いてきたものとされていました。お隣の中国も「中華五〇〇〇年の伝統」を謳い、朝鮮民族も、北朝鮮には檀君のピラミッドがあって、五〇〇〇年前の王さまの骨が出てきたなどと主張している。いずれにしても「民族」というアイデンティティは数千年もの間続いてきたというイメージがあります。

ところが、歴史的に実証してみると、「民族」という概念は、せいぜい二五〇年ぐらい前にしか遡《さかのぼ》れない。たとえば、室町時代に京都や東北に住んでいた人たちが、同じ「日本人」「日本民族」という意識があったかどうか確認できない。そうした意識を持っていなかった可能性の方が高いと思います。これは日本に限らず、ロシアやドイツもそうだし、イギリスやフランスも同じです。「民族」という概念はかなり後になって生まれてきたものなのです。

いや、それどころではありません。「民族」は、現代になっても新たに生まれたり、解体したりしています。いま現在も、生まれつつある「新しい民族」の萌芽をそここに見出すことができる。そこに民族問題の難しさがあるのです。

私は、一九八七年の八月にモスクワに赴任しました。その翌年の夏、エストニア、ラトビア、リトアニアで、小さな集会が開かれます。それはソ連体制に反対する人たちの集会でした。彼らは、「自分たちはモロトフ・リッベントロップ条約によって、強制的にソ連に併合された。ソ連から離脱したい」と唱える人たちで、その集会の規模はせいぜい三〇〇人程度のものでした。こうした集会は、ソ連でも、国際的にも報じられましたが、それはあくまでも、反ソ的な集会も行えるほどゴルバチョフによる民主化は進んでいる、というニュースだったのです。その集会に参加していた人を含めて、バルト諸国が独立するなんていうことは、誰も夢にも思っていなかった。

しかし、そのわずか三年後の夏、一九九一年八月にゴルバチョフ大統領が軟禁されるなどのクーデター未遂事件が起きます。そして、ソ連国家評議会はバルト三国の独立を承認するに至るのです。

つまり、たった三年の間に、それまで誰も考えていなかったような民族独立が現実のものとなったのです。

近年では、二〇一四年のスコットランド独立をめぐる住民投票も記憶に新しいところです。あのときは賛成がおよそ四五％、反対が約五五％という結果に終わりましたが、これも「スコットランド人」という民族アイデンティティの急速な高まりにほかなりません。

さらにいえば、現在もくすぶり続けているウクライナ内戦です。後に詳しく論じますが、ウクライナ東部に住む人々の民族意識は、内戦の前と後とでは劇的に変わりました。

二〇一四年二月の時点までは、ウクライナ東部に住んでいたのは、ほとんどがロシア語をしゃべり、宗教はロシア正教会、ウクライナのパスポートを持っているけれども、何人かと問われたなら、なんとなくロシア人と答えるか、あるいは自分が何人かなんて考えたことがない、といった人々でした。しかし、いま東部の町、ドネツクやルガンスクなどにいる人は、ほぼ間違いなくロシア人と答えるでしょう。ウクライナ人という自己意識を持っていた人々は命の危険があったため、あの地域から逃げ出さざるを得なくなったからです。そして、かつてのような曖昧な民族意識のありかたは許されなくなった。これも、それまで民族という意識がなかったところから、急速に民族意識が分化していった例です。

さらに私が注目しているのは、中東での「新しい民族」の萌芽です。それは「シーア派のアラブ人」という民族です。

これまでアラブ人といえば、スンナ派に決まっていた。一方、シーア派といえば、その中心はペルシャ民族のイランだったのです。ところがシリア、イラクで「イスラム国」が跋扈するようになると、それに対抗して、イランがイラクのシーア派政権やシリアのアサド政権と手を結び、「イスラム国」を叩くことで、影響力を拡大していった。現在、「イスラム国」の消長に目を奪われがちですが、その一方では、イラクやシリアで「シーア派のアラブ人」という新しい民族アイデンティティが育ちつつある。これが今後の中東情勢をさらに複雑化させる可能性もあると思います。

この「新しい民族」という問題は、私たち日本人にとっても、実は他人事ではありません。それは沖縄の問題です。しかし、おそらく日本人の大多数、九九％の人にはピンとこないでしょう。

沖縄で起きているのは単に米軍基地をめぐる問題だと、ほとんどの日本人は思っています。これこそ日本人の民族問題オンチの端的なあらわれですが、沖縄で進行しているのは、実は民族意識をめぐる亀裂の深まりなのです。この状態がこのまま放置されれば、沖縄が自分たちは独自民族だという意識を持つ可能性がある。そうなると、日本は深刻な国家統合の危機に見舞われます。

私が沖縄で起きている事態に反応できるのは、私自身のルーツの半分が、母の故郷である沖縄だからです。その一方で、「大多数の日本人」の一員として霞が関で小役人もやっていましたから、日本の官僚の感覚もわかる。こうしたハイブリッドな存在のメリットは、双方の論理を説明できることです。この沖縄問題も、民族論・ナショナリズム論を理論的に固めたあと、再び検討したいと思います。

「民族」の核とは何か？

第一回の講義の最後は、これから「民族問題」を考えるイントロダクションとして、アンダーソン、ゲルナー、スミスの基本的な論点を紹介します。

まず「民族」というアイデンティティの核となるものは何か？　言い換えると、我々が「日本人」だと意識するとき、何がその根拠となるのか。

そのとき、大きく異なる二つの考え方があります。ひとつは「原初主義」というもので、もうひとつは「道具主義」です。

まず「原初主義」のほうは、民族とか国家には、その原初、はじめのところに、何からの実体的な源があるという考え方なんです。たとえば日本語を使うから日本人だと考えるなら、言語が民族の源となるし、肌の色や骨格など生物的、自然人類学的な違いに境界線を求めると、人種主義に近づく。あるいは、日本列島に住んでいるから日本人、インドに住んでいるからインド人だというのであれば、地域が民族の「原初」になるわけです。このほかにも宗教や経済生活、文化的共通性など、「動かざるもの」を共有するのが民族だ、という考え方です。

日常的に「民族」というと、多くの人がこの原初主義的なイメージをもっていると思います。最近、「日本の伝統を守れ」とか「日本を取り戻す！」などと唱えている、声の大きいおじさんたちは、その典型といえるでしょう。

しかし、こうした素朴な考え方はわりと簡単に壁にぶつかってしまいます。言語にしても、人種にしても、文化にしても、歴史的に源をたどっていくと、複数の「民族」にまたがっていたり、境界が曖昧だったり、住んでいる場所も移動していたりと、矛盾する事例がたくさん出てきてしまう。

それに対して、「民族というものは、作られたものだ」と主張するのが道具主義の立場です。では、何のために、誰が「民族」を作ったのかというと、国家のエリート、支配層が、統治目的のために、支配の道具として、民族意識、ナショナリズムを利用した、と考える。だから「道具主義」なんですね。

この道具主義の代表的な論者が『想像の共同体』の著者、ベネディクト・アンダーソンです。彼は〈国民とはイメージとして心に描かれた想像の政治共同体《イマジンド・ポリティカル・コミュニティ》である〉という有名な定義を提示して、国民、民族とは政治によるフィクションだと説いたのです。

そして、支配層が心理操作によって、国民、民族という自意識を高めて、敵と味方の線引きをしていく。その意味で、民族というのは確実不変なルーツやコアを持つものではなく、非常に流動化しやすく、操作されやすい概念だと唱えたわけです。

『民族とナショナリズム』のアーネスト・ゲルナーも、道具主義に立ってはいますが、私はアンダーソンよりもゲルナーのほうが、より本質的で深い議論を展開していると考えています。ゲルナーは、ナショナリズムを近代特有の現象だと位置づけるのですが、そこで産業社会の成立とナショナリズムを結びつけて論じている。詳しくは後に論じますが、説得力に富んだ議論です。また、この本は学術的な注などもほとんどなく、一見スラスラ読める。ところがその内容は本質的で、物凄く歯ごたえのある議論を展開しているという、知的訓練としても最適のテキストだと思います。

現在のアカデミズムにおいては、この道具主義が圧倒的に主流なんですね。ところが、日常的な使い方においては原初主義的な考え方の方が一般的です。何故か？

それを理解するには、ゲルナーの弟子でもあるアントニー・スミスの「エトニー」という概念を補助線として考えるといい。この「エトニー」とは近代以前から存在する文化的共同体で、それが近代的なネイション（国家）の成立と深く関わっていると説くのです。といっても、「はじめにエトニーありき」といった単純な原初主義には陥らない。

この連続講義の後半では、彼らの議論を参照しつつ、実際の民族問題を解き明かしていきたいと考えています。

◆推薦図書①◆

今のところ、日本人の書いた民族問題の解説書として一番いいのは、田口富久治・木下昭**『民族の政治学』**（法律文化社、一九九六年）

もう少し古くなりますが、

山口圭介**『ナショナリズムと現代』**（九州大学出版会、改訂版一九九二年）

この二冊はアカデミックな議論をよく整理していると思う。自習するにはお薦めです。

現在の出版事情では、ほんの一〇年前の本でも、もう新刊では入手できないということがしばしばあります。そうした場合はネットでアマゾンなどのサイトを検索すると、古書として意外に安く出品されていることがあります。

応用問題　スコットランド独立運動を沖縄の目で見る

琉球新報の予測はなぜ当たったのか

本講義でも少し触れましたが、二〇一四年九月、スコットランドで独立に関する住民投票が行われました。これが後のブリグジットとも絡んで、いまなお無視できない問題になっているのですが、私が注目したいのは、その住民投票のあとの日本のメディアの反応です。

日本のほとんどの新聞は、正確にはたった一つの新聞を例外にして、スコットランドの今回の独立に関して、これがナショナリズムの要素がほとんどない、経済格差の問題だと解説したのです。サッチャー首相以降のイギリスの新自由主義的な政策の導入によって、イングランドとスコットランドとの間で格差が生じたために起きた、いわば貧しいスコットランドによる条件闘争である、と。だから格差是正策をイギリスの中央政府が約束したので、この問題は取りあえず沈静化するだろうという見方を示したわけです。

そのなかで、唯一違う見方を示したのは琉球新報でした。沖縄タイムスは共同通信のロンドン支局長の解説記事をそのまま使ったので、ほかの新聞と同じでしたが、琉球新報だけは、スコットランドの独立運動はますます加速すると予測したのです。

どうしてかというと、住民投票の結果、イギリス側はさらにスコットランドの自治を認めると表明したからだ、というのが琉球新報の見方でした。そもそも、投票前でさえスコットランドはEUに対して独自の代表を派遣するなど、相当程度の自治権を持っていたのに、さらに未来の自治を保証したのは何故か、という問いを立てたわけです。

今回、独立に賛成した四五％は、スコットランドが自己決定権を持っていることを前提にしている。それに対し、反対した五五％のなかには、「自分たちはイギリス人だから、スコットランドの離脱に反対する」というアイデンティティを持っている人と、「自分はスコットランド人で、スコットランドが自己決定権を持っていると考えるが、現時点で独立するよりは、経済的な理由、あるいは教育上の配慮などでイギリスの枠内にいたほうがいい」という認識で反対した人がいる、と分析するのです。最後の、「現状では反対」派というのは、言い換えれば、「将来、状況が変われば、スコットランドがイギリスから分裂しても構わない」ということになる。彼らが仮に五％以上いるとしたら、実は過半数の人は、「スコットランドは自己決定権を持っている」、つまり独立しうると考えていることが、今回の住民投票で可視化された。イギリス政府の対応は、さらなる自治権を認めないと、次にはもっと危機的な結果になるという判断に基づくものだろう、だからスコットランドの独立運動はけっして失速していない、という分析を示したのです。

その八カ月後、二〇一五年五月七日のイギリスの総選挙で、スコットランドの五九議席中、五六議席を独立派、スコットランド国民党が獲得します。つまり、琉球新報の予測は的中しました。

すると、日本のほかの新聞も、一斉にスコットランド・ナショナリズムが強まっていると書いていました。新聞の強さは、記憶力の欠如ですね。これも悪いことばかりではなく、前に書いたこと、立場の一貫性にこだわりすぎると、どんどん現実から遠ざかってしまう。忘れっぽくて、すぐに正反対のことを書くことができる日本の新聞や週刊誌は、民主主義を担保するうえでは重要なんです。

ちなみに二〇一七年六月八日に行われた総選挙でスコットランド国民党の議席は三五に減りましたが、依然としてスコットランドでは多数派です。

グラスゴーの原潜基地問題

では何故スコットランドでここまで分離独立派が勢いを増したのか？　そして、なぜ琉球新報だけがそれを見抜けたのか？

答えは簡単です。スコットランドで起きていることと、沖縄情勢が極めてアナロジカルだからです。

イギリス政府は最初、独立に関する住民投票をやっても、大したことないだろうとたかをくっていたのですが、途中から、やばいと思いはじめて、慌ててかなり本格的な選挙キャンペーンを始めます。そのキャンペーンのなかの一つが、スコットランドがイギリスに残留した場合、年間一四〇〇ポンド（約二四万円）もお得だとして、スコットランド人は一人当たり二八〇〇個多くホットドッグを買うことができます、海外の保養地に二人で一〇日間遊びに行ける上に日焼けクリームまで買えますよ、という代物だったのです。このキャンペーンが、スコットランド人を怒らせてしまった。要するに馬鹿にするな、ということです。

このキャンペーンの背後にあるのは、すべてを経済的利害で判断するという新自由主義的世界観です。それがかえってスコットランドのナショナリズムを煽ってしまった。実は、イギリスのEU離脱をめぐる国民投票も、さらにはアメリカ大統領選挙でのヒラリー・クリントンの敗北も、同じパターンを反復しているともいえるでしょう。いずれも新自由主義的な政治エリートが自分たちの論理を過信したことが、失敗の一因となった。

興味深いのは、二〇一五年五月の選挙に、スコットランド国民党の党首であるニコラ・スタージョンが出馬しなかったこと。実は同じことが、ソ連崩壊前のバルト三国でも起こったんですね。当時のエストニア、ラトビア、リトアニアは、自分たちはもはやソ連の構成員ではない、だからソ連の総選挙に立候補する必要はないとして、独立派の指導者たちはみな出馬しなかった。つまり、スコットランドの独立運動は本物だということになる。

イギリスにとって、スコットランドに独立されることは本当に大変な事態です。そこで大きな鍵となるのは、スコットランド最大の都市グラスゴーの郊外にある原子力潜水艦基地です。これはイギリスで唯一の原潜基地なんですね。

　これに対して、スコットランドの独立派は、イギリスの安全保障にとって、原子力潜水艦が重要だというのはよくわかっている、だったら、ぜひ原潜基地をイングランドで引き取ってくれと主張している。ところが、イングランドもウェールズも、どこも引き取りたくないのです。原潜基地をスコットランドに押し付け続けるためにも、分離は認められない、というのがイギリス政府の考えなのです。

「沖縄をなめるんじゃない」

　このスコットランドの原潜基地問題が、沖縄の基地問題と非常に似た構造になっていることに気づきましたか？

　基地問題に対して、翁長雄志知事が強調しているのは、沖縄は自発的に基地を提供したことはない、という点です。

　この発言の重要さは、反原発運動と比較してみるとよくわかる。原発に関しては、福島第一原発の事故以降、いろいろな言い分はあるかもしれないけども、原発がある県の議会や知事が了承し、実際に原発が設置される行政単位においても、民主的な手続きによって選ばれた首長と議会の了承を得ているわけです。原発建設は民主主義のルールと手続きに基づいて行われている。

それに対して沖縄の基地は、連合軍による占領下において、住民が強制移住させられているときに、占拠されたか、もしくは銃剣とブルドーザーによって無理やり追い出されて、作られている。沖縄が自発的に基地を提供したことは一つもないと。つまり、沖縄の問題は反原発の問題などとは位相の違う問題であることを、翁長発言は示しているのです。

さらに注目すべきは、二〇一五年五月一七日の「戦後70年　止めよう辺野古新基地建設！　沖縄県民大会」での翁長知事の挨拶です。その末尾で彼はこう言っている。

「今本土で飛んでいるオスプレイも一定程度が過ぎたら、みんな沖縄に戻ってくるんです。これを私は日本政府の堕落だということを申し上げているわけでございます。どうか日本の国が独立は神話だと言われないように、安倍総理、頑張ってください。ウチナーンチュ、ウシェーテェーナイビランドー」

もちろん結びの一語は琉球語で、翁長さん自身は日本語に訳さないまま、挨拶を終えたのです。私は現地でこの発言を聞いて、ハッとしました。

ウチナーンチュは沖縄人という意味です。ナイビランドーは、いけませんよ、ぐらいのニュアンスのある表現です。そしてウシェーテェーというのは、バカにする、なめる、ないがしろにする、という意味なんですよ。つまり、意味としては「沖縄人をなめるんじゃない」という捨て台詞を、安倍首相にむけて、琉球語で投げかけた。このメッセージは本物だ、と強く感じたのです。

ここで興味深いのは、「ナイビランドー」という一語のニュアンスです。琉球語というのは、敬語と丁寧語の体系がものすごく複雑にできていて、すごく丁寧な表現ができる。ウシェーテェーナイビランドーは、「沖縄人をないがしろにされてしまうのは、あまりよろしくないのではないでしょうか」といった非常に細やかなニュアンスが込められた表現なのです。この会場には、公式発表で三万五〇〇〇人、実際には四万人近くの人が集まっていたのですが、そのうちの琉球語を解する人間は、たぶん一万人弱ぐらいだったのではないでしょうか。琉球語を解する人間たちと、そうじゃない人間たちでは、ワンクッション、反応が違いました。言語というものが、いかに民族、ナショナリズムの問題と深く結びついているかを鮮烈に表しています。

沖縄で起きていることについて、こうした詳細な分析は、日本の全国的なメディアにはほとんど取り上げられません。だから首相官邸も含めて、「大多数の日本人」は問題の本質を理解できていないと思います。しかし、現実に起きていること、その底流にある心性は、独立問題を抱えるスコットランドと、相当程度、近い構造をもっていると考えたほうがいい。スコットランドで起きている程度のことは、すぐに沖縄で起きてもおかしくないのです。

第二講　民族問題の専門家スターリン

粗雑な理論が意外としぶとい

前の講義で、民族の捉え方には「原初主義」と「道具主義」があり、常識的にわれわれの日常会話や、マスメディアなどで「民族」というときに使われるのが前者の「原初主義」だと説明しました。

この原初主義は、民族とはもともと長い歴史や住んでいる地域、言語や宗教、人種的特徴などの共通点を持っている人たちの集団だ、という理解のしかたです。これは突っ込んで考えていくと、いろいろ矛盾が出てくるし、歴史的にも実証されないのですが、わかりやすいし、現実に与える影響も大きい。

そして、原初主義に立脚した民族理論のなかで、一番現実に影響を与え、なおかつある程度、現象を説明できるのは何かといえば、実はスターリンの民族定義なんです。

スターリンといえば、ソ連で大粛清などを行った残虐な独裁者であり、第二次世界大戦を勝ち抜いたしたたかな政治指導者でもありますが、それだけではありません。同時に理論家の側面も持っています。

『スターリン全集』というソ連版著作集の邦訳全一三巻と、日本で編集した『スターリン戦後著作集』が出ていますが、そこに収められた論文は哲学、言語学、経済学など多岐に渡っています。言語学としては、ソシュールに非常に近い発想を持っていました。スターリンはありとあらゆる思想に首を突っ込んでいるわけで、スターリニズムというのは一つの体系なんですよ。

なかでもスターリンが革命の実践家としても、理論家としても力を注いだのが民族問題だったのです。

とはいえ、スターリンの思想、もしくはエセ思想は、全体としては粗雑な面も多く、今日ではみんな馬鹿にして、まともなものとして扱われていません。ところが、ここで注意しなくてはならないのは、理論としてのレベルの高さと、その理論の影響力の大きさは別だということです。

思想にはレベルの低いものと、レベルの高いものがある。そして、思想には影響力のあるものと、影響力のないものがある。この両者のあいだには、実は相関関係はないんです。極めて精緻な、レベルの高い思想が、ほとんど影響を与えないこともあれば、レベルの低い理論が大勢に受け入れられて、あとあとまで影響力を与えるケースもある。

スターリンの死後、一九五六年になって、その後継者となったフルシチョフが、ソ連共産党第二〇回大会でスターリン批判を行うのですが、それは政治家としてのスターリンに対する批判であって、その思想体系であるスターリニズムに対する批判ではありませんでした。したがってスターリン批判後も、彼の理論、考え方は、ある意味でいまだにあちこちで影響を及ぼしている面があるのです。

スターリンの民族理論を一言で評するなら、「単純不明解」。単純な枠組みだけども、一筋縄ではいかないところもあって、ある程度、現象を説明できる。作りは粗いけれど、そこそこ使えて、意外と頑丈。ロシア製カラシニコフのような、といえば、褒め過ぎかもしれませんが、そういう意味では、スターリンは、なかなか頭のいい男だといえるでしょう。

グルジア人ジュガシヴィリ

スターリンはいろんな組織名、秘密の名前をたくさん持っていました。恐らく三〇〇個ぐらい持っていたのではないかという、そのひとつがスターリンです。ロシア語のスターリというのは、英語でいえばスティール、鋼鉄。だからスターリンとは鋼鉄の人という意味なんです。

では、本名は何かというと、ジュガシヴィリといいます。彼はロシア人ではなく、グルジア（現ジョージア）のゴリという町に生まれます。母語はグルジア語。では生粋のグルジア人かというと、そうではないらしい。

ゴリという町はアルメニア人の多い町です。それでジュガシヴィリという名前はオセチア人に多い名前なんですね。

このオセチア人というのはコーカサスの山岳地帯に住んでいて、自らを「アラン人」と称し、スキタイ、古代スキタイ文明の末裔と思っている。イランと同じく、ペルシャ系なんです。彼らはもともとイスラム教徒だったのですが、ロシアが北コーカサスに入ってきたときに、キリスト教徒（ロシア正教）に改宗します。これは世界史でも非常に珍しいケースです。現在もオセチア人は九割が正教徒、一割がイスラム教徒です。

だから帝政ロシアは、コーカサスの統治はオセチア人を使って行った。その伝統は、その後のソ連にも引き継がれて、いまも内務省にはオセチア・ロビーがあって、すごく強い影響力を保持しています。

それからスターリンのお父さんは靴職人でした。実は生粋のグルジア人の靴職人というのは非常に少ない。ロシアでは、意外と職業と民族が結びついていて、たとえばソ連時代からあちこちにある小さな靴磨きの店は、アッシリア人がやっています。グルジアでは、靴職人になるのはオセチア人が多かった。

ですから、スターリンというのは、グルジアに帰化したオセチア人じゃないかという説が、今のところ、一番有力です。いずれにせよ、ロシア人ではない。そもそもスターリン自身が複雑な民族的アイデンティティを持っていたわけです。

しばしば誤解されやすいのは、ソ連、そしてロシアは、ロシア人が支配している国家だと思われているんですね。他の民族たちはロシア人に従わされ、ひどい目に遭っていたというイメージがある。しかし、これは誤解です。

たしかにソ連、ソビエト連邦共和国は様々な民族共和国からなる連邦国家でしたが、なかでロシアが中心的な、いわば擬似宗主国として、周囲の民族共和国を擬似植民地化していたわけではありません。ソ連の中心にあって、支配していたのは、ソ連共産党中央委員会。つまり、民族ではなくて、マルクス・レーニン主義というイデオロギーによって支配し、国民を抑圧していた。

だから、ロシア人の血が入っていないスターリンがソ連の独裁者として君臨できた。もしソ連を支配している原理が民族主義、ナショナリズムならば、こんなことはありえないわけです。

グルジア語の特異性

その意味で面白いのは、スターリンのロシア語です。『スターリン全集』をロシア語の原本で読むと、非常にわかりやすい。どうしてかというと、外国人の書いたロシア語だからです。話しても、グルジア訛りが非常に強かったという。

おそらくスターリン自身は、ロシア語では思考していなかったと思います。思考はグルジア語で行って、それをロシア語に翻訳しているから、ボキャブラリーは簡単なものになる。ただしその論理は不明解です。「しかし」と書かれているのに順接になっていたり、「言い換えると」とあるのに言い換えになってないということが頻出する。

言語は、ものすごく思考に影響を与えます。日本語では、動詞が一番最後になっていますね。だから「私はあなたの言うことに賛成……」まで話して、相手の顔色を見ながら、最後の瞬間に「します」にするか「しません」にするかを決めることができる。これはトルコ語なども同じです。

ところが、英語だと「I don't think so」となるから、最初のところで賛成か反対かを決めなくてはならない。ロシア語もそうで、これは意思表示のありかたに重大な影響を与えることがあるわけです。

グルジア語が特殊なのは、主格・対格、すなわち主語と目的語がないことです。これを能格絶対格構造といいますが、こうした文法の言語は非常に珍しい。英語でも日本語でもドイツ語でもアラビア語でも中国語でも、みんな主語と目的語がある。これを主格対格構造といって、ほとんどの言語はこちらなんです。

この能格絶対格構造の言語について、比較的わかりやすく書いているのは、千野栄一という言語学者の『プラハの古本屋』（大修館書店）というエッセイです。その中でコーカサス語の特徴に関することが出てくるのですが、グルジア語の場合、一つの動詞がいくつぐらい変化すると思いますか？　なんと一万五〇〇〇程度の変化形がある。これがエチオピアの北にあるエリトリアの一部で使われているアディーケイ語になると、理論的には一つの動詞が二〇億ぐらい変化する。

こういう能格絶対格構造の言語は、たとえばスペインのバスク地方、あるいはチェチェンにも残っていますが、いずれも山岳地帯なんです。そこで、いま考えられている仮説というのが、もともと人類は動詞の変化だけで、「誰が」「誰に」、あるいは「何を」するのか区別する能格絶対格構造の言語を使っていたのではないか、というものです。それが今のわれわれのような、主格対格構造の言語をしゃべる人類に追われ、山のほうに逃げて、細々と暮らしてきたのではないか、と。

これだけ言語構造が違うと、思考もそうとう違うはず。だからスターリンはかなり独特の思考回路を持っていたのかもしれません。

元神学生スターリンのリアリズム

スターリンでもうひとつ特徴的なのは、宗教に対する理解です。一〇歳から正教会の神学校で、一〇年以上学んでいる。だから彼の基礎教育は神学なんです。

というのも、スターリンは二歳ぐらいのときに天然痘に罹《かか》るんです。本当はアバタだらけなのに、ソ連政府が発表したスターリンの写真は、全部、加工されて、顔が異常にツルツルになっています。

それで、お母さんがお祈りをして、もしこの子が助かったら、一生、神さまのために仕えさせます、といった誓いを立てた。そのために神学校に入って、司祭叙任の手前までいったのですが、神学校の中で共産主義運動をやって、退学になってしまうんです。それでも神父たちとの交流は続いて、後年になっても、昔の神学校の同級生たちとはよく飲んでいた。だからスターリンは、宗教の力をすごくよく理解していたのです。

宗教のポイントは何か？　それは、理屈でわからないこと、実証できないことにも、何かの真理がある、という感覚です。宗教的トレーニングを重ねると、目に見えないけども、確実にあるという感覚が研ぎ澄まされていく。その意味では、私はスターリンの猜疑心《さいぎしん》の強さというのは、ある意味、宗教者の感覚に近いと思います。神父、牧師というのは実はみんな猜疑心が強いんですよ（笑）。人間はすぐ嘘をつき、罪を犯すものだから、信者の言うことをそのまま信じていたら、そもそも教会なんて成り立たない。

これもある種の誤解ですが、しばしば、スターリン時代に教会は弾圧された、ひどい目に遭ったと言われますね。確かに教会がひどい目に遭ったのは事実ですが、スターリン体制では、教会だけじゃなく、みんな弾圧された。教会を特別に敵視したわけではないんです。

むしろ教会に特別視して弾圧を加えたのは、まずレーニン。その次はフルシチョフだった。ソ連の教会の三分の二を閉鎖させたのは、フルシチョフです。フルシチョフはアメリカに勝利して、近い将来に共産主義社会が完成し、新しいイデオロギーが世界全体を覆うと考えていた。そのためには教会のような古いイデオロギーは邪魔だというので、徹底した無神論政策を推進したのです。

スターリンの発想は、もっとリアリスティックなものでした。一言で言えば、「宗教に触ると、めんどくさいことになる」。

たとえばイスラム教のシャリーア、すなわちイスラム法というのは、基本的には、アッラーは一つ、シャリーアも一つだから、この世はイスラム法によって統一される単一の世界帝国になればいいという思想に基づいている。だから、本来ならばマルクス・レーニン主義とは相容れない思想であるはず。

ところがスターリンは、このシャリーアについて、こう述べるのです。——共産主義者が政権を取ったら、シャリーアを廃止するという流言があるが、これは間違っている。住民がシャリーアを尊重するならば、ボリシェヴィキもシャリーアを尊重する——と。

またカスピ海の西、お隣がチェチェンであるダゲスタンでは、かまどに精霊が宿っているという信仰があった。各家のかまどには自分のうちの霊が宿っているのに、ボリシェヴィキは集合住宅をつくって、かまどをなくそうとしている、として地元住民が動揺していると、スターリンは、われわれも精霊を信じている人々を尊重し、各家のかまどは大切にしないといけない、という演説をする。これはまさにリアリストの宗教政策であり、民族政策です。

またスターリンの深い宗教理解、そして民族理解を感じさせるのは、一九四一年七月、独ソ戦に際したラジオ演説です。普段の演説は「同志諸君」から始まるのですが、このときだけスターリンはまず「兄弟・姉妹の皆さん」と呼びかけた。これは教会で神父が説教するときの呼びかけなんです。

そして、スターリンはこの演説で、戦争の名前を「大祖国戦争」と名付ける。要するに共産主義のイデオロギー用語を使わず、「祖国の危機」というナショナリズムに訴えたわけです。ちなみにロシアにおいて「祖国戦争」といえば、ナポレオン戦争を指します。こうした言葉の使い方も、スターリンというのはうまいんですよ。

ロシア革命は中央アジアの民族運動を利用した

スターリンが民族問題を重視したことは、ロシア革命の本質にもかかわっています。ソ連が崩壊するまで、日本共産党の機関紙「赤旗」には、「万国の労働者よ、団結せよ。万国の被抑圧民族よ、団結せよ」というスローガンが掲げられていました。「赤旗」だけではなく、これは世界中の共産党の機関紙、どこにもこれが載っていたわけです。

でも、よく考えてみると、この二つは矛盾しています。階級というのは、民族の別は関係ありません。だから本来は、階級で団結せよ、だけでいいはずなんです。たとえばインドでは、抑圧しているのはイギリス人、被抑圧民族がインド人だとして、インド人の中には資本家もいる。労働者もいる。農民もいる。「被抑圧民族の解放」と唱えると、民族のほうが優先順位が高くて、階級はその次になってしまう。

この矛盾にあえて目をつぶったのが、スターリンなんです。そうして革命に民族運動のエネルギーを持ち込もうとした。その意味では、ロシア革命は階級闘争であると同時に、民族闘争でもあったのです。

それがよくわかるのが、『レッズ』（一九八一年）というハリウッド映画です。『世界をゆるがした十日間』（岩波文庫）という、ロシア革命のルポルタージュを書いたアメリカの共産主義者ジョン・リードが主人公で、これをウォーレン・ベイティ、その恋人をダイアン・キートンが演じている。

これは史実に照らしてなかなか正確に描いているんだけど、最初、レーニンもトロツキーもジノビエフもスターリンも、ロシア革命に続いて、ドイツで革命が成功すると考えていたんですね。ところが、ドイツの革命はうまくいかず、ローザ・ルクセンブルクもリープクネヒトも殺されてしまう。ハンガリーでもうまくいかない。

もともとマルクスの理論によれば、資本主義が発達した後に共産革命が成就するわけで、ロシアのような後進国で革命が成功するなどとは想定していませんでした。だからロシア・マルクス主義の父と言われたプレハーノフも、レーニンたちのボリシェヴィキ革命は時期尚早で、失敗に終わると考えた。それからドイツ社会民主党の幹部で、マルクス主義の理論化の最高峰とされたカール・カウツキーも、ロシア革命を社会主義革命として認めず、レーニンたちによる権力奪取の陰謀で、マルクス主義とは関係ないと見ていた。ロシア革命が起きたあとも、人間の自由とか、権利とか、民主的な選挙が保証されていない、こんなものがマルクス主義であるはずがないと批判しました。つまり主だったマルクス主義者たちは、ロシア革命を認めなかったのです。

そこに登場したのが、ミールサイト・スルタンガリエフというタタール人の活動家でした。彼はウラル山脈の南、いまのバシコルトスタン出身で、イスラム教徒でした。このスルタンガリエフが、ムスリム・コミュニストという考え方を持ってくるのです。

西方の帝国主義者のほとんどはキリスト教徒であり、自分たちは彼らから抑圧を受けていた。だから、帝国主義のキリスト教徒の支配からムスリムが解放されることと、マルクス主義的なプロレタリア革命は両立する、というのが彼の主張だったのです。

これに飛びついたのがスターリンでした。彼はスルタンガリエフを大抜擢して、中央アジアでの革命運動を統括させ、民族運動の高まりを革命に利用しようとします。

この中央アジアでの革命運動が、この『レッズ』には描かれているんですね。それを見ると面白いのは、地元の民衆をアジるボリシェヴィキの活動家たちが、みんなラクダに乗っているんです。そして、要するにわれわれの革命は、西方の帝国主義者に対するジハードだというアジ演説をするんですね。ところが、そのイスラム勢力の力が予想以上に強くなってしまいます。今のトルクメニスタン、ウズベキスタン、キルギス、タジキスタン、カザフスタンのところは全部合わせて、トルコ系の人たちが住んでいる土地を意味するトルキスタンと呼ばれていた。この地域の力がすごく強くなってきて、スターリンたちは、このまま行くと、むしろイスラム革命によって、共産主義者は飲み込まれてしまうかもしれない、という危機感を持つようになるのです。

ソ連あの手この手の民族政策

そこで、一九二〇年代の終わりから三〇年代にかけて、スターリンが始めたのが「民族境界線の画定」でした。このやり方が面白い。

たとえばカザフ語とキルギス語ではSの発音が少し違う、だから、実はおまえたちは別民族なんだというわけです。そこで中央アジアで新しい文字の規則をつくっていって、そこに国境線を引いてしまう。

つまり、言語の違いという原初主義的な基準を持ち出して、実際には、統治の都合で境界線を引いて、人工的に「民族」を作り出すという道具主義そのものの手法を駆使するのです。

さらには、フェルガナ盆地という肥沃な穀倉地帯を、敢えてタジクとウズベクとキルギスの三つに分割して、水の利用権などをめぐって、互いに衝突するように仕向ける。それによって、トルコ系とか、イスラムといったアイデンティティで一つにまとまらないように、手を打っていく。このあたりのスターリンの民族という力の利用法は実にみごとなものです。

スターリンは、その意味においては大変な実務家だから、力関係を見て、硬軟両様の対応をするわけです。たとえばバルト三国のなかで、歴史的に巨大な帝国だったことがあるのはリトアニアだけなんですが、そのリトアニアには、もし反発したら大変だということで、ロシア人の入植をほとんどしませんでした。だから、ソ連崩壊時点でも、ラトビアの五一％、エストニアの四〇％がロシア人だったのに、リトアニアだけリトアニア人の比率が八〇％もあった。しかもラトビアの場合は、ロシア人は国中に散らばっていて、特に都市部はロシア人が多かったのですが、エストニアは東部だけにロシア人を集中させるといったように、その国ごとの様子を見極めて、細やかな民族政策を立てているのです。

実はスターリン以降も、ソ連は民族対策にすごく気を使ってきたんです。

連邦内の各共和国は、第一書記は地元出身者から選ぶ。カザフ人やリトアニア人がトップに立つわけです。そして第二書記にはロシア人（あるいはロシア人化したウクライナ人やベラルーシ人）を据える。もちろん、実権を握っているのは第二書記のほうなんですね。また中央アジアでは、各国に総合大学を一つと科学アカデミーをつくりました。そうしたコストもしっかりかけていた。

さらに重要なのはアファーマティブ・アクション（少数派優遇措置）です。モスクワ大学といえば、大変な難関校で、日本の東大と京大と早稲田と慶應を全部合わせて、上の五％ぐらいを抽出したような学校なのですが、中央アジア枠があって、中央アジア出身者は、日本的な基準でいえば偏差値が二〇ぐらい低くても入れるようになっている。その分、卒業するには苦労しますけどね。

このアファーマティブ・アクションは思いがけない形でも実施されていました。ソ連邦では「英雄」というのは最高の栄誉称号なのですが、戦車を五台破壊するとか、飛行機を一〇機撃墜するといった超人的な働きをしないと授与されない。それには女性だけの分野があって、「母性英雄」というんです。これは子供を一〇人産んだ母親に与えられるもので、大きな宮殿みたいな家を国が貸してくれて（ソ連時代、住宅のほとんどは貸与）、行列にも並ばなくていいし、高額の手当てもつくわけです。これは戦争で減ったロシア人の人口を増やそうという政策だったのですが、この母性英雄のほとんどは、中央アジアから出ているんですね。皮肉なことに、中央アジアで人口爆発を抑えられなかったことが、民族問題に火をつけて、ソ連崩壊の一因となってしまった。

ここに歴史の逆説があるのですが、どうしてソ連の民族政策がダメになってしまい、いま民族紛争が頻発しているかというと、スターリン以来の硬軟両面の民族対策が上手く行き過ぎて、ブレジネフ時代に、民族問題は最終的に解決されたというかたちにしてしまったからなんですね。もはや民族問題は解決して存在しないというので、共産党でも、政府でも、民族問題を担当する部署がなくなってしまった。そうしたら政策の立てようもなくなってしまう。もし民族問題は当面なくならない、という形でやっていたら、ソ連は崩壊しなかったかもしれません。

もうひとつ言えるのは、ソ連で民族政策が一応の成功をおさめていたのは、やはり共産主義というイデオロギーがあったからなんです。「民族」というのは過渡的なもので、究極的には、労働者階級による共産主義社会を建設するんだ、その前ではみんな平等で民族という差異もなくなるんだという一応の建前があった。そこでは民族が最上位の価値にならないわけです。

だからソビエトの実験が失敗したことは、実は人類にとっては非常に不幸なことでもあるといえるんです。つまり、民族を超える概念は当面、存在しない。だから民族問題も解決しない、ということになる。

スターリンの民族理論

では、いよいよスターリンの民族理論とはどのようなものかテキストにあたってみましょう。ここで使用するのは『スターリン全集　第二巻』(大月書店)。「マルクス主義と民族問題」という論文です。

三二三ページから読んでいきますが、ページの右肩に(290)と記されています。これは、何かわかる? ロシア語版の『スターリン全集』のページ番号なんです。ロシア語から引用したふりをするときに、これがあると便利なんですね。ちなみに、『マルクス・エンゲルス全集』の日本語版にも、ドイツ語版のページが付されています。

「明るい未来」を信じていたあいだは、人々は民族のいかんにかかわりなく、いっし

ょにたたかった。共通の問題がなによりもさきだ！　と。だが疑いが心のなかにしのびこむと、人々は民族別の幕舎にわかれはじめた。だれでも自分だけを頼りにするがよい。「民族問題」がなによりもさきだ！　と。（略）

この民族主義は、ときとすると、ろこつな排外主義にかわりつつある。ユダヤ人のあいだのシオニズムの拡大、ポーランドにおける排外主義の強化、タタール人のあいだの汎回教主義、アルメニア人、グルジア人、ウクライナ人のあいだの民族主義の激化、反ユダヤ主義への住民の一般的な傾向、――これらはみな一般によく知られた事実である。

これは一九一三年に書かれたもので、一九一七年のボリシェヴィキによるロシア革命よりも前のものですが、すでに今のクリミア併合とか、ウクライナ内戦などにも通じる民族問題が起きていたことがわかる。だからソビエト時代に民族問題を抑え込んでもう消滅させたと思っていたのだけど、そうではなくて、ただ眠っていただけだったわけです。そこを理解していただければいいと思います。

次に、有名な民族の定義です。

民族《ナーツイヤ》とはなにか。

民族とは、なによりもまず一つの共同体、すなわち人々の一定の共同体である。

（略）

だが堅固な共同体も、かならずしも民族をつくりあげるわけではない。オーストリアやロシアも、やはり堅固な共同体である。けれども、それらを民族とよぶものはだれもない。では民族的共同体は、国家的共同体とどうちがうか。とりわけちがう点は、民族的共同体は共通の言語なしには考えられないのにたいして、国家にとっては共通の言語は、かならずしも必要ではない、ということである。オーストリアにおけるチェコ民族、ロシアにおけるポーランド民族は、各自が共通の言語をもつことなしにはありえなかったであろう。これに反して、その内部にいくたの言語が存在することは、オーストリアやロシアの全一性をさまたげるものではない。もちろん、ここで言っているのは、国民の日常語のことで、公用語のことではない。

だから言語の共通性ということは、民族の特徴の一つである。

まず第一に言語こそ民族の核だと論じています。
そして次に挙げるのが、住んでいる地域、そして経済の共通性です。

だが、たとえばイギリス人と北アメリカ人とは、言語が共通であるにもかかわらず、なぜ一つの民族を構成していないのか。

なによりも彼らがいっしょには生活せず、ことなる地域にすんでいるからである。民族は、ながいあいだの規則的な交渉の結果として、人々が幾世代も共同の生活をした結果として、はじめて構成されるものである。ところが、ながいあいだの共同生活は、共通の地域がなければ不可能である。イギリス人とアメリカ人とは、はじめはおなじ地域に、すなわちイギリスにすんでいて、一つの民族を形ずく《ママ》っていた。その後イギリス人の一部は、イギリスから新しい地域に、すなわちアメリカに移住し、そして、この新しい地域で、時のたつとともに新しい北アメリカ民族を形成した。ことなる地域が、ことなる民族の形成をもたらしたのである。

だから地域の共通性ということは、民族の特徴の一つである。

だが、まだこれで全部ではない。地域の共通性は、それ自体としては、まだ民族をつくりださない。そのためには、それ以外に、民族の個々の部分を一つの全体に結合する、内的な、経済的つながりが必要である。イギリスと北アメリカとのあいだには、このようなつながりがなく、そのために両者は二つのことなる民族を構成しているのである。

ここまでは典型的な原初主義です。すなわち言語であるとか、住んでいるところ、経済生活が共通しているといったことが、民族の指標になる。

なぜ竹島は韓国人の心を揺さぶるのか

ところが、このあとが非常に複雑なスターリン的な発想になる。ここでスターリンは「心理」を持ち出すのです。

以上でのべたことのほかに、民族に結合された人々の精神的様相の特質をも考えにいれなければならない。民族はその生活の諸条件の点でたがいにことなるだけでなく、民族文化の特質にあらわれる精神的様相の点でも、たがいにことなっている。おなじ言語をつかっているイギリス、北アメリカおよびアイルランドが、しかもなお三つのことなる民族を構成しているとすれば、このことにすくなからぬ役割を演じているのは、一様でない生存条件の結果として、幾世代ものあいだに、それぞれのもとでつくりあげられた、独特な心理的状態である。

心理というのは、きわめて主観的な要素ですね。その主観的なものが、言語や住んでいる場所などの客観的な条件とともに併置されている。そして、次の記述は、スターリンの発想を理解する上で重要なキモのところです。

もちろん心理的状態、または――別の呼び方をすれば――「民族的性格」は、それ自身では、観察者にはとらえがたい、あるものである。だが、それは、一民族に共通な文化のもつ独自性にあらわれているかぎりでは、とらえることができるものであって、無視することはできない。

観察者には捉えられないのに、当事者にとっては確実に存在する、という、先に述べたスターリンの宗教的発想がここからうかがえます。

これをいまの日韓関係にパラフレーズしてみましょう。

たとえば、竹島。第三者からすると、韓国はこの島を実効支配していて、近未来において、日本が力によってこれを奪還する可能性なんて全然ない。国際法にのっとって合理的に考えれば、静かにしていたほうが、係争にならないから韓国にとって有利なのに、日本が竹島問題にちょっとでも言及すると、過剰ともいえる反応を示す。竹島（韓国人にとっては独島）のなにが、そこまで韓国の人々の琴線を揺さぶるのか。

それが民族の「精神的様相」「心理的状態」だと、スターリンは言っている。「独島」、あるいは「慰安婦」「徴用工」などの、いわゆる歴史認識の問題には、韓国人のあいだでは確実に捉えることができる何かのイメージがあって、それが非常に大きな力になる、というのが、スターリンの視点なんです。

自分の匂いは自分でわからないのと一緒で、自分たちの固有のこだわりというものは、当事者にはなかなかわからない。むしろ外部観察者からみると、「理解しにくい固執」という現象として、スターリンの表現でいえば〈一民族に共通な文化のもつ独自性〉として見えてくる面もある。
ここでスターリンは〈こうして、われわれは、民族のあらゆる特徴をかぞえつくした〉と宣言して、最終的な定義を行います。

民族とは、言語、地域、経済生活、および文化の共通性のうちにあらわれる心理状態、の共通性を基礎として生じたところの、歴史的に構成された、人々の堅固な共同体である。

このスターリンの定義によると、たとえばユダヤ人は「民族」ではないことになります。なぜなら北アフリカのユダヤ人はアラビア語、イギリスのユダヤ人は英語をしゃべる。それに対して、東ヨーロッパのユダヤ人はドイツ語に近いイーディッシュ語を話す。しかも経済的な共通性もない。地域もバラバラ。だから「民族」ではないことになってしまう。
これを裏返すと、言語や地域や経済をバラバラにしてしまえば、民族は解体できるともいえる。だから、スターリンはしばしば民族の強制移住を行ったわけです。

民族・亜民族・種族というヒエラルキー

もうひとつ重要なのは、このスターリンの民族理論は、そのままソ連の国家体制を基礎づけるものでもあることです。

スターリンはソ連国内の民族的共同体をナーツィヤ（民族）、ナロードノスチ（亜民族）、プリェーミャ（種族）に分けます。

そして、ナーツィヤ（民族）は、共和国として、国家を持つことができる。ソ連憲法において、共和国はソビエト連邦離脱も許されている。だからバルト諸国も最初はソ連憲法にのっとって、独立を主張したわけです。

それに対して、ナロードノスチ（亜民族）が持つことができるのは自治共和国。これは独自の憲法を持っているのですが、ソ連から離脱することはできない。

それからプリェーミャ（種族）は、自治州とか自治管区で、自分たちの言語を使ったり、文化をもつことは出来るけれど、憲法を持つなどの権限はない。こうした三段階にわけることで、スターリンは民族をヒエラルキー化し、固定化させようとしたのです。

しかし、この分類は、実際にはきわめて流動的なんですね。ナーツィヤがナロードノスチになったり、その逆もある。たとえばウクライナの東部や南部に住む人々は、ソ連時代には、国内パスポートにはウクライナ人という民族籍になっていても、自分のことをロシア人だと思っていたくらいだから、その意味では「民族」ではなく、その下位の「亜民族」となっていたわけです。一方、沖縄は、ナロードノスチから、今、ナーツィヤになろうという動きが見られる。

そのダイナミズムを、スターリンは理解しようとはしなかった。それを認めると、ソ連という国家が大混乱に陥るから。つまり民族の問題を、ある一定の枠の中に押し込めるために、こうした理論をつくったわけです。

実は、このスターリン的な民族意識は、無意識のうちにわれわれ日本人にも染み付いている。たとえばわれわれ日本人は大民族だから、ナーツィヤで国家を持っている。それに対してアイヌ人はプリェーミャだから、自治区をつくるのがちょうどいいだろう。沖縄はナロードノスチぐらいだから、独立した国家にはなれず、がんばって自治州をつくるのが精一杯だろう、といったイメージは、まさにスターリン的な民族意識なんです。

しかし、沖縄の人口は一四〇万人です。一四〇万人以下で国連に加盟している独立国は四〇以上あります。そのほとんどは沖縄と同様の島嶼諸国です。スコットランドやウクライナの例に戻るまでもなく、かつての固定化された民族観では理解できないほど、「民族」というものは流動的なものだということを確認して、次のアンダーソン『想像の共同体』を読み解いていきましょう。

◆推薦図書②◆

スターリンに関心のある人は、

『スターリン全集　第一一巻』（大月書店、一九五四年）

スターリンが権力を取ったあとに「民族問題とレーニン主義」（三六六〜三八八ページ）という論文を書いていて、ソ連の経験を踏まえたところで、スターリンの民族理論がよく整理されている。スターリンについてもう少し勉強してみたいなという人は、ぜひこの論文を読んでみるといいと思います。

ユダヤ人問題については講義ではあまり触れられませんでしたが、

レオン・ポリアコフ**『反ユダヤ主義の歴史』**（筑摩書房、二〇〇五〜二〇〇七年）

一冊四五〇〜七〇〇ページぐらいで全五巻という大部の本ですが、古代のギリシャ、ローマから現代まで書かれていて、全体像を描くのに適しています。

それから通読しやすい本の中では、

ポール・ジョンソン『**ユダヤ人の歴史**』（徳間書店、一九九九年）

ルソーやマルクスなど知の巨人たちの生態を描いた『**インテレクチュアルズ**』（講談社学術文庫、二〇〇三年）などで知られるイギリスのジャーナリストの書いた本で、上下二冊になっています。一般向けで読みやすいのですが、水準は高い。

第三講　「民族」は作られるか

——アンダーソン『想像の共同体』批判

最も有名なナショナリズム論

ベネディクト・アンダーソンの『想像の共同体』（書籍工房早山）は、おそらく日本で最も読まれているナショナリズム論でしょう。今回は、彼の理論を批判的に検討したいと思います。

なかでも有名なのは、ナショナリズムには実体的な根拠などない、すべてはイメージの産物に過ぎないとした点です。冒頭でも触れましたが、もう一度引用しておきましょう。

> **国民を次のように定義することにしよう。国民とはイメージとして心に描かれた想像の政治共同体《イマジンド・ポリティカル・コミュニティ》である**

国民とは、前回、スターリンが列挙したような言語や地理的、経済的共通性は関係ない。血縁でも、地縁でもない。あくまでもみんなのイメージのなかにある共同体であり、その形成には政治が深く関与している。アンダーソンはそう唱えたのです。

ナショナリズムはいかがわしい？

著者のアンダーソンは、もともとは東南アジア、とくにインドネシアの研究者でした。それがどうしてナショナリズムの本を書いたのでしょうか。

彼が『想像の共同体』を書いたのは一九八三年のことです。当時、この本は一種、スキャンダラスな驚きをもって迎えられました。なぜならナショナリズムや民族意識などは、エモーショナルな、いかがわしいテーマだという通念があったからです。民族解放闘争という文脈の中で、帝国主義に抵抗するようなアジア、アフリカ、中南米のナショナリズムを扱うのであればまだ意味もあるが、正面きってナショナリズムを取り上げるなど、およそまともな学術研究者のすることではない、と思われていた。そういう意味では、このいかがわしい研究を、学術研究に高めることに成功した点で、アンダーソンの功績はやはり無視できないものがあります。

そのアンダーソンがナショナリズムに取り組んだきっかけは、今となっては意外にも感じられますが、一九七九年の中越戦争でした。本書の冒頭は、次のように書き出されています。

いまひそかにマルクス主義とマルクス主義運動の歴史に根底的変容が起こりつつある。そのもっとも明らかな徴候は、ヴェトナム、カンボジア、中国のあいだの最近の戦争である。これらの戦争は、それが独立性と革命性について疑う余地のない体制同士のあいだで起こった最初の戦争であり、しかも交戦当事国のいずれもこの流血沙汰をマルクス主義特有の理論的観点から正当化しようという試みをなんら行っていないという点で、世界史的意義をもっている。

つまり当時、冷戦下で想定されていた戦争というのは、東西両陣営のイデオロギーをめぐる争いでした。ところが、ヴェトナム、カンボジア、中国はいずれも社会主義陣営の国であるにもかかわらず、戦争に突入した。そのことにアンダーソンはショックを受けたわけです。

もっともアンダーソン自身が列挙しているように、一九五六年のハンガリー動乱や、一九六八年のチェコ事件のように、ソ連が社会主義国に対して軍事介入を行うことはありました。しかし、これは「社会主義の防衛」などのイデオロギー用語で説明可能な事態だったといえます。ブレジネフはこれを「制限主権論」だと説明しました。社会主義陣営全体の利益に反する場合は、個別の国の主権は制限される場合がありうる、というもので、チェコ事件でも、一九七九年のアフガニスタン侵攻のときも、こうした論理を展開しています。

しかし、ヴェトナムがカンボジアに侵攻し、それに対して中国がヴェトナムを「懲罰」と称して攻撃したことには、まったくイデオロギー的な説明はなされなかった。もっともヴェトナムにしてみれば、カンボジアのポルポト政権が自国にまで影響を及ぼしたらたまったものではない、という理屈もあったのですが。

マルクス主義の理論からすると、ナショナリズムは一種の「変則」として無視されたり、将来的には消失するものと考えられてきたのが、どうもそうではない、ナショナリズムは死んでいない、ということにアンダーソンは気づいたわけです。

「国民」とは想像されたものである

では「想像の共同体」とはいかなるものなのか。アンダーソンの説明をみてみましょう。

国民は〔イメージとして心の中に〕想像されたものである。というのは、いかに小さな国民であろうと、これを構成する人々は、その大多数の同胞を知ることも、会うことも、あるいはかれらについて聞くこともなく、それでいてなお、ひとりひとりの心の中には、共同の聖餐《コミユニオン》のイメージが生きているからである。

二〇一五年、「イスラム国」でジャーナリストの後藤健二さんが殺害されました。その話を聞くと、多くの日本人は、ひどいことをすると思って、義憤に駆られましたが、しかし考えてみれば、後藤さんという人に一回も会ったことがない、彼の活動も知らなかった人が、圧倒的大多数だったはずです。それにもかかわらず、ああいう事件が起きると、日本人の中にこれは同胞に対して起きている危機だという心が生まれるわけです。

それから尖閣諸島にしても、日本人のほとんどはおそらく一生のあいだ、一度も行くことがないでしょう。尖閣まで行こうとすると、お金も時間もかかるし、波が荒くてそばに行くことも難しい。ところが、猪瀬直樹さんという人が、尖閣のためにお金を集めようと呼びかけたら、一五億円も集まってしまった。これは、日本人の「想像の共同体」のなかで見たこともない「尖閣」が重要な位置を占めていることを意味しています。これは韓国人にとっての「独島(竹島)」や「慰安婦」にも同じことがいえるでしょう。

ところで、猪瀬さんが集めたあの一五億円がどうなったか知っていますか? 東京都総務局のホームページにちゃんと記されていますが、基金としてプールされています。一億円はさまざまな経費で使ってしまって、あとの一四億を尖閣の開発に使うという名目なのですが、当分の間、おそらく私が生きているうちに使用される可能性は低いでしょう。

民族形成の鍵を握るのは新聞と小説

アンダーソンは、この「想像の共同体」は「文化的人造物」だとしています。では、民族の形成で鍵を握るものは何か? アンダーソンは新聞と小説、つまり出版資本主義だといいます。

アンダーソンは、新聞を「一日だけのベストセラー」と表現していますが、たしかに読売、朝日、毎日、産経、日経、その他の地方紙を足したら、数千万部のベストセラーが毎日、出版されていることになる。

たとえば、ある離島にA国のAさんとB国のBさんが住んでいるとしますね。そこで、A国とB国で戦争が始まっても、AさんとBさんには関係ないから、仲良く暮らしている。ところが、一週間経って、その島に両国のヘリが飛んできて、それぞれの国の新聞を落としていくとする。そうなると、二人はもうただのAさん、Bさんではなくなって、敵国民同士となってしまうわけです。

新聞が、自分たちの想像の共同体をつくり出すことに対して、非常に重要なツールになる。それは記事の内容や論調だけではなく、そもそもその新聞がどんな言語で書かれているか、何をニュースとして選択しているか、そして、それが人々に共有されていることがより重要なんです。

新聞の読者は、彼の新聞と寸分違わぬ複製が、地下鉄や、床屋や、隣近所で消費さ

れるのを見て、想像世界が日常生活に目に見えるかたちで根ざしていることを絶えず保証される。

アンダーソンによると、小説の世界も、「想像の共同体」と類似している。われわれが小説を読むとき、そこに書かれている世界を思い浮かべ、その小説に流れている時間を感じながら読み進めますね。これは近代小説独自の構造なんです。

〈小説の中で〉（〈　〉内は筆者注）社会的有機体が均質で空虚な時間のなかを暦に従って移動していくという観念は、国民の観念とまったくよく似ている。国民もまた着々と歴史を下降し（あるいは上昇し）動いていく堅固な共同体と観念される。

前近代の文章、たとえば、マルコ・ポーロの『東方見聞録』を読んでみると、ときどき頭が痛くなってくる。それは、ボスポラス海峡について書こうと思ったが、気が変わったので、別のテーマについて書く、といった具合で、自分の書きたいように書いているだけ、つまり近代的な散文法が成立してないからです。

われわれが近代小説を読んで、読みやすいと感じるのは、その小説の世界がわれわれの生きている世界と——アンダーソンの表現を借りれば「溶接」されていて、空間的にも時間的にもイメージを共有しているからです。それをアンダーソンは「想像の共同体」と結びつけて論じています。

「標準語」を育てた子規と円朝

ここで重要なのは、言語、それも標準語です。

たとえば戊辰戦争のとき、それこそ新島八重が参加した会津戦争のときに、長州軍が来ます。しかし、長州軍と会津軍の兵士たちの間では、全然、言葉が通じない。では、どうやってコミュニケーションをとったのか？　中国語です。すなわち漢文を書いて、意思疎通をした。それくらい前近代においては、言葉は多様だったわけです。

だから、われわれがいま話している日本語、これは一応、標準語とされていて、東京の山の手の方言をベースにしていると思われていますが、こんな言葉は、江戸時代に戻っても、どこでも使われていなかった。これは書き言葉から生まれた言葉なんです。

なかでも重要だったのが、正岡子規の提唱した写生文でした。見たことを写真のように描写して、日記や手紙に書く。それによって、日本人は五・七・五・七・七みたいな韻を踏まない文章を書く習慣ができてきた。広い範囲で流通する言葉は、書き言葉が先行する。その書き言葉に合わせて、話し言葉ができるんです。

また明治は、大出版ブームの時代でもありました。もちろん江戸時代にも黄表紙本などさまざまな書籍が作られてきたけれども、本格的なベストセラーが生まれるようになったのは、国会開設が決まったあとなんです。

何故か？　国会開設が決まると、議事録をつくらないといけない。そこで速記士を養成するのですが、国会開設が遅れてしまったために、彼らの職がない。そうした人々の中で、頭のいい奴が寄席に行くんですよ。そこで語られている落語や講談を速記に起こして、そのまま本にする。これが大当たりとなった。三遊亭円朝の『怪談　牡丹燈籠』や『真景累ヶ淵』などは岩波文庫に入っています。そこから新しい文体、新しい形の出版物がつくられるようになった。

ちなみに文体というのは要注意で、文体が変わるときは、人間のものの考え方が変わる。だから遠距離恋愛をしていて、相手のメールの文体が変わってきたときは、何かが起きている（笑）。今まで使わない単語が増えたり、新しい言い回しが入ってくるというのは、思想が変わっているということなんです。

話を戻します。

アンダーソンは、ナショナリズムを形成する上で、出版資本主義を重視します。近代以前、書物は基本的にラテン語で書かれるものでした。そこに印刷技術の発達があって、多くの書物が作られるようになるのですが、そうなると、ラテン語を読める人口には限りがある。もっと多くの読者を獲得するためには、俗語、一般の人たちが話している言葉で出版すればいい、ということになった。

そこで大きかったのが宗教改革と行政の発展だった。

宗教改革のほうは簡単です。プロテスタントの基本は、自分で聖書を読むことだから。ルターが出版した聖書をベースとして、近代のドイツ語が成立していった。

一方の行政は、アンダーソンの道具主義がよくあらわれています。

有利な地位を占めて絶対君主たらんとする王たちが行政中央集権化の手段として採用した特定の俗語が、ゆっくりと、地理的に不均等に拡大していった

これをアンダーソンは「行政俗語」と呼びます。

これら俗語〈パリのフランス語、ロンドンの〈初期〉英語〉が権力の言語へと地位を上昇し、ラテン語の競争者となることは、キリスト教世界という想像の共同体の衰退に独自の貢献をすることになったのである。

こうして「行政俗語」は「国家の言語」となっていくわけです。

公定ナショナリズムは上からの「国民化」

もうひとつ、アンダーソンが重視する概念が「公定ナショナリズム」です。これはちょっとこなれていない訳語だけど、要するに、上からのナショナリズム、統治のためのナショナリズムです。

どうして「公定ナショナリズム」というものが必要になったのか。アンダーソンはこう論じます。

「公定ナショナリズム」――国民と王朝帝国の意図的合同――を位置づける鍵は、それが、一八二〇年代以来、ヨーロッパで増殖してきた民衆的国民運動の後に、それへの応戦として、発展したことにある。これらのナショナリズムがアメリカとフランスの歴史をモデルとしたとすれば、かわって今度は、これらナショナリズムがモジュールとなった。ただ、そこでは、貸し衣装によって国民的装いをした帝国を魅力的なものに見せるだけのなんらかの手品を工夫する必要があった。

つまり一九世紀のはじめにヨーロッパを席巻したナポレオン戦争、イギリスに勝利したアメリカ独立戦争を受けて、国民を動員できる国民国家、ナショナリズムの強さに、ヨーロッパの君主たちが驚くわけですね。そこで「モジュール」、国家を強化する部品としてナショナリズムを導入しようとした。これがアンダーソンの見立てです。

ところが、ここで問題となるのは、ヨーロッパの王朝や、彼らが支配する帝国はもともと「民族」の原理ではできていなかったことです。たとえばイギリスのハノーヴァー朝はドイツ人で、英語も話せなかったし、スイスから出てきたドイツ系のハプスブルク家がオーストリアだけでなく、スペインやイタリアやチェコなどを治めていた。なかでも大変だったのがロシアです。

ヨーロッパ諸君主の「帰化《ナチユラライゼーション》」――それは、多くの場合、かなり際どい曲芸を要する策略だった――は、最終的に、シートンワトソンが辛辣に「公定ナショナリズム」と呼ぶ現象をもたらした。この「公定ナショナリズム」のもっともよく知られた例が帝制ロシア化である。この「公定ナショナリズム」を理解するには、それが、とりわけ中世以来集積されてきた広大な多言語領土において、帰化と王朝権力の維持とを組み合わせる方策、別の言い方をすれば、国民《ネーション》のぴっちりとひきしまった皮膚を引きのばして帝国《エンパイア》の巨大な身体を覆ってしまおうとする策略である、とするのがもっともわかりやすい。ツァーの臣民たる多種多様な住民の「ロシア化」は、こうして、二つの相対立する政治秩序、ひとつは古い、もうひとつはきわめて新しい秩序を、暴力的かつ意識的に溶接しようとするものであった。

このシートン＝ワトソンというのは、ロンドン大学の教授でイギリスのロシア・東欧史の専門家ですね。

今でもカザフスタンなどに行くと、ドイツ人の村があって、「ノイエス・レーベン」、新しい生活という名のドイツ語の新聞が出ています。私がまだモスクワにいた当時には、そこにドイツから言語学の調査団が来ていました。どうしてかというと、そこのドイツ人たちは、古いドイツ語を今でも使っているから。だから「ノイエス・レーベン」を読むと、一六世紀、一七世紀までのドイツ語で書かれているんですね。綴りもかなり違う。

では、どうしてカザフスタンにドイツ人がいるのか？　これがロシア帝国の特質をよくあらわしています。

カザフのドイツ人は、宗教的にはバプテスト派とか、メノナイト派が多い。一六世紀の宗教改革のときに、ドイツで公認されたのがルター派で、そこからはみ出してしまった宗教改革急進派なんです。

メノナイト派は、絶対戦争拒否。バプテスト派は、子どものころに受けた自覚を持っていない洗礼は無効で、浸礼といって、頭まで全身、水に漬けないと有効じゃないという立場。ロシア帝国は一六世紀に、そうした宗教改革急進派を受け入れたわけです。

というのも、ロシアの貴族たちは基本的に不在地主で、サンクトペテルブルクやモスクワに住んでいて、自分の領地には数年に一度しか行かない。それで普段はフランス語をしゃべっている。「愛を語るにはフランス語、哲学を語るにはドイツ語、家畜を叱るときはロシア語」と冗談でいわれますが、ロシア語は書けるけど、上手にしゃべれないというのが貴族のほとんどだった。

つまり支配階級である貴族たちがすでに文化的にハイブリッドだったんです。だから、権力の中心に忠誠を誓っているかどうかが重要で、宗教が何であろうが、肌の色が何であろうが気にしない、というのが、ロシア帝国の基本的な原理だった。

たとえば、ロシアの近代文学の父といわれるプーシキンは八分の一エチオピアの黒人奴隷の血が入っている。『現代の英雄』を書いたレールモントフはスコットランド人の子孫だし、ロシア語の辞書を編纂したウラジミール・ダーリはデンマーク人とのハーフです。

だから、井上靖の小説『おろしや国酔夢譚』（文春文庫）の主人公で、江戸時代、ロシアに漂着した商人、大黒屋光太夫はエカテリーナ二世に面会までしている。そのとき、彼は日本への帰国を懇請するのですが、ここでロシアに留まれば、ロシア帝国の臣民になっていたはずです。そもそもエカテリーナ二世自体、ドイツの出身です。

だから、君主たちもナショナリズムを利用するためには、「帰化」しなければならなかった。

一九世紀半ばまでに、すべての君主が国家語としてどこかの俗語を採用し、またヨーロッパ全域で国民的理念の威信が急速に高まっていくにつれ、ヨーロッパ・地中海地域の君主たちは、国民的帰属という誘いにしだいににじり寄っていくようになる。ロマノフ家はかれらが大ロシア人であることを発見し、ハノーヴァー家は自分たちがイギリス人であることを、ホーエンツォレルン家はドイツ人であることを発見した。

実はアンダーソンは日本の天皇制も公定ナショナリズムのひとつとして位置づけています。しかも、注の形で、こんなことを書いている。

日本研究者によれば、もっとも初期の王墓についての最近の発掘調査から判断して、王家は――なんたることか――朝鮮の出身かもしれないということが明らかになってきた。日本政府はこれら古墳の調査をできるだけ抑制しようとしている。

つまり、簡単な図式でいうと、本来、朝鮮半島にルーツを持つ王朝が、近代になって日本の民族の代表として衣替えをした。日本人というのは、こうして上からつくった民族なんだという見方をしているわけですね。

この辺の見方にやっぱりアンダーソンの限界が出ていると思います。彼の議論には、文化拘束性の重要性が欠けている。だから、「支配者の都合で、政治的に民族は形成される」という理解が導かれやすい。

日本をつくり出している日本人性というのは、政治意識を離れたところでも文化として存在していて、それがないところでは、いくら政治的、人工的に民族をつくろうとしても、民族は生まれない。その意味では、スターリンのほうが、目に見えないものの怖さを知っていたといえます。

この文化の問題については、アントニー・スミスが「エトニー」という概念を使って、非常に深く考察しています。これは後に詳しく検討したいと思います。

「近代国家」は模倣によって生まれた

最後に、「公定ナショナリズム」、上からの民族形成はどのように広がっていったか、という問題を取り上げてみましょう。

近代国家のモデルといえばイギリスですが、興味深いのは、アンダーソンもゲルナーも、実はイギリスは近代的な国民国家の原理には必ずしもあてはまらない、としていることです。

そもそもイギリスの正式名称「グレートブリテン及び北アイルランド連合王国」のなかに、民族を表す言葉はどこにもありません。イングランド人やスコットランド人、ウェールズ人、アイルランド人はいますが、「グレートブリテン人」や「北アイルランド人」という民族はどこにも存在しないのです。つまり、イギリスは「民族」を国家原理の中心に置くことなく、近代以前からある王・女王の名のもとに、国民を統合してきたといえるでしょう。ゲルナーはこれを「イギリスはぼんやりとしたまま帝国になった」と評しています。

ところがここで面白いのは、イギリスが「ぼんやりとしたまま」行ってきたいろいろな仕組みを、周りの国は意図的に戦略化し、イギリスをモデル化して、自分たちのシステムを作り上げていったわけです。つまり、民族国家にならなかったイギリスを模倣しようとして、民族国家ができてしまったという大いなる逆説なんです。

アンダーソンは、トム・ネアンという理論家の次の文章を引用しています。

> イングランド――のちには連合王国――の経験は、それが最初の経験であったため、はっきり別のものにとどまった。他の国々はイギリス革命がすでに成功し広がった世界につづいてやってきたため、これらのちのブルジョワ社会は、この初期の〈自律的〉発展をくりかえすことはできなかった。かれらの学習と模倣は、実質的に違うもの、すなわち、抽象的、「非人格的」国家という真に近代的な教義を生みだし、それはまさにその抽象的性格の故に、それ以降の歴史において模倣されえたのである。

アンダーソンのいう「モジュール」として他の国の仕組みを取り入れるのだけれど、コピーをする際に必ずズレが生じる。間違った伝言ゲームのようにして、制度が出来上がってくるという仮説ですね。

コピーとしての革命

さらにアンダーソンは、その「モジュール」の輸入、制度のコピーを促進させるのが出版物だと論を進めます。そうやって、学習と模倣によって、革命も生まれた、と。

ホブズボームは、「フランス革命は、近代的な意味で組織された党派や運動によってなされたのでも指導されたのでもなく、また体系的なプログラムの遂行をめざした人々によって行われたのでもなかった」と指摘している。これはまさに正しい。しかし、出版資本主義のおかげで、フランスの経験は、人類の記憶から消去できなくなったばかりか、そこから学習することもできるようになった。一世紀にもわたってこれを「モデュール」として理論化し実地に実験するなかからボルシェヴィキが登場し、かれらは、革命を「計画」してこれをはじめて成功させ（略）、そしてまた体系的なプログラム（略）の遂行を試みた。そうした計画とプログラムなしには、やっと産業資本主義の時代の入口にさしかかっていたにすぎない王国において、革命は明らかに論外であった。

エリック・ホブズボームはイギリスの有名な歴史家ですが、フランス革命がけっしてきちんと計画的に練られたシナリオに基づくものではなかった、という指摘は興味深い。近代国家としてのイギリス同様、オリジナルなものはむしろいい加減というか、状況によって生まれてしまう側面があるということです。

ロシア革命といえば、レーニンたちが独自に成し遂げた、自律的現象だというのが一般的なイメージですね。ところが、レーニン本人の書いたものを読むと、ロシアでの事態を、フランス革命とのアナロジーで見ているんです。だから、ケレンスキー政権の一九一七年の二月革命は、ジロンド派による権力奪取であり、レーニンたちボリシェヴィキはジャコバン派となる。これはトロツキーも同じなんです。つまりフランス革命を一種の先行するテキスト、「革命のマニュアル」としながら、自分たちの革命を進めていった。

一度「革命のマニュアル」ができてしまうと、後続の人々は、それを参照し、コピーしようとします。

このボルシェヴィキ革命のモデルは、二〇世紀のすべての革命にとって決定的であった。というのは、これによって、全ロシアよりももっと後進的な社会においても、革命が想像できるようになったからである。（それは、いわば、歴史を近道することを可能にしたのである。）毛沢東の行った初期の巧妙な実験が、ヨーロッパの外におけるこのモデルの実効性を確証した。こうした革命「モデュール化」の行き着いた先にあったのがカンボジアの事例であり、そこでは一九六二年当時、二五〇万強の成人労働力人口のわずか二・五パーセント以下が「労働者階級」で、〇・五パーセント以下が「資本家」であったにすぎなかった。

同様に、ナショナリズムも、一八世紀末以降、さまざまの時代、政治体制、経済、社会構造に応じて、調整と適応の過程を経験してきた。その結果、「想像の共同体」は、現代では、考えられうるあらゆる社会に普及した。今日のカンボジアを「革命」がモデュールとして移転された極端な例とすることが許されるならば、ヴェトナムはナショナリズムがモデュールとして移転された極端な例である毛沢東はロシア革命をなぞって、中国革命をやろうとする。それをさらにポルポトがコピーして、カンボジア革命をやろうとする。そして少しずつズレていくわけです。

◆推薦図書③◆

ベネディクト・アンダーソン『**想像の共同体**』は三つのヴァージョンがあります。

『**想像の共同体**』（リブロポート、一九八七年）

『**増補　想像の共同体**』（NTT出版、一九九七年）

『**定本　想像の共同体**』（書籍工房早山、二〇〇七年）

本講では現在、入手しやすい「定本」を使いました。

アンダーソンの論文集では、

『**比較の亡霊**』（作品社、二〇〇五年）

遠距離ナショナリズムの問題について詳しく書かれています。

小説でナショナリズムのあり方を感じ取るには、

吉村萬壱『**ボラード病**』（文春文庫、二〇一七年）

ボラードというのは、船を係留するときに留める杭のことを指すのですが、大災害後の世界で全体主義が確立してしまっている町を描いています。東日本大震災以降の中で、「絆」が強調されていた日本社会に対する強力なアンチ・テーゼになっている。

ミシェル・ウエルベック**『服従』**（河出書房新社、二〇一五年）

これは相当な問題作で、世界的に話題となりました。フランスでイスラム政権が成立するという設定の近未来小説で、大学教師だった主人公は、一夫多妻制に惹かれてイスラム教に入信した先輩の大学教授を訪ねて、この社会も悪くないと思う、という結構ひどい話です。ヨーロッパ人のイスラムに対する偏見をグロテスクに戯画化しています。

ミラン・クンデラ**『存在の耐えられない軽さ』**（集英社文庫、一九九八年）

クンデラ自身はもうチェコの作家ではなくて、ヨーロッパ人だということを強調するけれど、彼の小説を読むと、中央ヨーロッパの、大国ではない国の民族感覚がよくわかる。

イスマイル・カダレ**『誰がドルンチナを連れ戻したか』**（白水社、一九九四年）

カダレはアルバニアの世界的な作家。自国の歴史を踏まえた作品に、典型的な形での民族というものが現れています。カフカ的ともいえる幻想小説**『夢宮殿』**（東京創元社、二〇一二年）もおすすめ。

ウラジーミル・ソローキン**『氷』**（河出書房新社、二〇一五年）

これは反対に、民族という構成を壊そうとするような文学です。ソローキンという作家はいま世界的な規模で読まれていますが、現在のロシアが持っている帝国的な発想と人種主義がよくわかります。

補講　シュライエルマッハー　ナショナリズムと目に見えない世界

「近代神学の父」の大学改革論

アンダーソンの『想像の共同体』を読んできて、やはり物足りないのは、民族やナショナリズムを支える「目に見えない世界」が根本的に欠落していることなんですね。

この「目に見えない世界」について真剣に考えてきたのが、宗教です。ここでは、一八世紀末から一九世紀のドイツの神学者・哲学者であるシュライエルマッハーの議論を参照しながら、われわれの目に見えないところで働いている宗教的な原理への感覚、さらにはそれをナショナリズムと結びつけて論じたいと思います。

シュライエルマッハーに関してはこれまであまりいい本がなかったのだけど、中央公論新社から出ている『哲学の歴史』というシリーズの第七巻に、シュライエルマッハーに関する章があるんです。これは東京大学名誉教授の山脇直司さんによる、最新のシュライエルマッハー研究を踏まえた、非常に良い解説になっています。

そのなかで、シュライエルマッハーと大学改革の問題について触れているのですが、ここでの議論は、今日の日本の教育改革と照らしても示唆に富んでいます。

一八〇八年、シュライエルマッハーは「ドイツ的意味における大学に関する所感」という論文を書きます。

当時、ナポレオンがヨーロッパの大学を全部、変えようとする。大学から文科系教育をなくして、実用的な理科系教育だけを中心にしようというので、フランスでは、大学を総合技術専門学校化する文教令を出した。役に立たない文学や哲学、神学などはやめて、実学で経済に強く、軍事に強い国家にする。これが大学の仕事だというわけです。これは、まさに昨今の日本政府の大学改革論と同じ論理で、逆にいえば、いま日本がやろうとしていることは二〇〇〇年も前からある、きわめて古いお話なんですね。

当時のドイツでも、ヨーロッパを席巻したナポレオンのやり方を真似すれば、自分たちも強くなるはずだ、というので、人文系の学問はやらないで、これからは理科系に特化しようという動きが出てきた。それに対して、シュライエルマッハーは、国家と学問が癒着することは良くないとして、「所感」を発表するのです。山脇さんの解説を引用すると、

学問のための施設は、学問的認識を目指す者同士の「自由な内的衝動」によっておのずと生まれてくるものであり、国家が率先して創り出すものではない。ナポレオンを最高指導者とする中央集権国家は、本質的に実利を追求する機関であり、実利の範囲でしか学問を見ない。そうした国家にとって重要なのは、知や文化の質ではなく、実用的な情報や技術の量である。それに対して学問的思索は、「個別的な知がどのように連関し、知の全体の中でどのような位置を占めるか」を認識しようとする。シュライエルマッハーによれば、一般に学者が国家に取り込まれれば取り込まれるほど、学問共同体は国家の御用機関に堕し、学問共同体は純粋に学問的な思索を追究すればするほど、結果的に国家の質も高まる。

シュライエルマッハーは牧師でもあり、ベルリン大学の創設者の一人として後に神学部

教授を務めてもいる。ドイツでは牧師も国家公務員だし、国立大学でも教鞭をとった彼が、大学が国家からの自立性を持つほど、また、学問の自由があるほど、国家は強くなる、という論を立てている。

では、実用教育と区別されたところの大学は何をやるか。シュライエルマッハーは、まず、本格的な研究の前に、その専門的な研究が他の専門分野とどのような関係にあるかを認識する場だといい、さらにはそれを素人にも説明できる能力を身に付ける、それが大学の役割だというのです。

さらに大学での講義についても、次のような提言を行います。

シュライエルマハーによれば、「諸学問を媒介する学問」としての哲学は、専門的諸学問とともに学ばれて初めて意義をもつ。したがって大学の教師は、哲学を純粋思弁としてではなく、個々の専門科目と連関させて教えるよう要求される。そのさい、教師は、つねに新鮮な対話能力をもって学生に働きかけなければならない。講義は、学生への一方通行だったり、毎年同じ内容の繰り返しであってはならず、学生からの質問にも触発されて年々豊かになっていかなければならない。

中世までの大学というのは、先生が自分の講義ノートを読み上げ、生徒はそれを書き取るという、ディクテーションが中心でした。質疑応答もなく、講義内容をきちんと覚えることが最優先される。一つの型にはまった講義を、その先生が退官するまで、ずっと繰り返すという授業スタイルだったのです。

それに対してシュライエルマッハーは、大学の講義というのは、読み上げ方式じゃなくて、数行のポイントになるところだけプリントをつくって配る。あるいは口述で書き取らせる。それについて教師が自由に説明し、学生からも質問を受ける。弁証法的な双方向性を使いながら講義を進め、それによって解釈する力をつけていくという、近代的な授業方式を考えたのです。

このようにシュライエルマッハーは、神学・哲学のみならず、教育学においても、近代的な知の確立に重要な役割を果たした人だといえます。

「宇宙の公共性」とナショナリズム

では、彼が一七九九年に発表した『宗教論』をもとに、「見えない世界」をどう捉えるか、考えていきます。この『宗教論』のサブタイトルは、「宗教を軽蔑する知識人への講話」となっていますが、ここでいう「知識人」とは啓蒙主義者、つまり蒙《くら》いところに光を当てるという、まさに超自然的な「目に見えない世界」を否定して「目に見える世界」を重視する人々です。それに対して、シュライエルマッハーは宗教の意義を説いた。

彼によると、宗教の本質は、有限の存在である人が、無限の宇宙を直観することにある。つまり、人間は有限だけれども、無限のものについて知る能力がある、と考えたわけです。これは、ある意味では人間中心主義ともいえるし、人間には本源的に何か凄い力があるという発想はロマン主義的ともいえる。

これがカントだと、神とは、物自体「Ding an sich」であって、われわれ人間は知ることはできない、となる。そして、どこかから絶対に正しい命令がやって来て、それに従うのが宗教だ、という説明になります。これだと宗教というのは、結局は、道徳に還元されてしまうわけです。清い生活をすることだけが宗教なのか、とシュライエルマッハーは疑義を呈した。

シュライエルマッハーは、人間を自然と対立する存在とは考えません。むしろ、人間は無限の宇宙の一部であると考える。さらに人間はけっして静的な存在でもない、つねに動き、変わっていく。宇宙自体がつねに活動しているから。さらに人間は宇宙に働きかける存在でもある。自分も含めた宇宙を、より発展させるように働きかけ、それによって自分もいっそう自由な存在として実感できるようになる。これが彼の宇宙観なんですね。

そして、シュライエルマッハーは「宇宙の公共性」という概念に至るのです。ここがナショナリズムの問題を考える上でも、非常に示唆に富んだ議論なんですね。

再び山脇さんの解説によると、

もちろん人間は、宇宙を直観し感じる心を独り占めすることはできない。宇宙を直観し感じる心は「他者と分かち合う」ことによって意義をもつのであり、ここに「宇宙の社会性（公共性）」が現れる。宇宙の社会性（公共性）は、ある特定の民族や宗教に限定されて語られるようなことがあってはならず、つねに人類というレベルで語られなければならない。この人類レベルでの公共性は、画一的な宗教観を否定する。キリスト教を信じるシュライエルマハーにとっても、宗教の画一化ほど忌まわしいものはなかった。彼は、「諸宗教に通底する普遍性」を宇宙を直観し感じる心に見出し、

その相互承認というかたちでのみ、人類の調和は可能とみなす。

個人個人が宇宙を直観している。ただし、それを一人だけで感じていては意味がないのであって、他の人とコミュニケーションを取って、共有しなくてはならない。シュライエルマッハーはそう考えた。

この構造は、何かに似ていませんか？　そう、ナショナリズムの構造と非常に似ているのです。

もちろん、シュライエルマッハーの「宇宙」＝神は普遍的な概念だから、全人類で共有できると考えた。しかし、それは本当に可能なのでしょうか？「直観し感じる心」を共有するにはコミュニケーションが不可欠なのですが、そのためには言語が必要となる。ところが、ここで厄介なのは、言語とはコミュニケーションを行うためのツールでありながら、通じない人には通じないという、コミュニケーションを阻害する要因にもなることです。シュライエルマッハーの考えたような全人類による共有は、言語によって阻まれてしまうのです。

では、言語のバリアの内側では何が起きるのか。同じ言語を使う人たちのあいだで、直観されるもの。そして、直観されたものを共有する共同体。それが「民族」になる。個人個人が目には見えない「日本」を感じ、それが共有できると、そのグループは「日本人」となるわけです。

みんなが感じ取ったものを全人類が共有できれば、それが宇宙であり、神だとする。その図式を、特定の言語限定、もしくは地域限定の「神」＝共通意識をもつ人たちにあてはめると、それは「民族」になると考えられます。その意味で、ナショナリズムは宗教にきわめて近似しているといえるのです。

だから、現在の国家の中には、必ず宗教的な要素、絶対神の要素が入っています。たとえば日本でいえば、靖国神社。明治以降、東京招魂社をつくり、後に靖国神社に発展したわけですが、その靖国に祀《まつ》られているところの英霊は、発想としては神道よりも、むしろシュライエルマッハーが説くようなプロテスタント系のキリスト教に近いのではないでしょうか。

今回の講義は、神学的な発想がないと、なかなか理解が難しかったかもしれません。しかし、ナショナリズムの背景には、宗教的な発想、「目に見えない世界」があることは頭に入れておく必要があると思います。アンダーソン的な道具主義に何が欠けているのかが少しはっきりしたのではないでしょうか。

第四講　ゲルナー『民族とナショナリズム』の核心

民族理論の最高峰

今回、取り上げるアーネスト・ゲルナー『民族とナショナリズム』（岩波書店）は私の知る限り、民族問題に関するもっとも知的レベルの高い本です。

冒頭でも触れましたが、この本には注がほとんどなく、およそ学術書としての体裁をとっていない。だから、これを読んで、こんなものはアカデミックなものじゃないと、勘違いする輩も少なくない。しかし、それはこの本を読み解けていないというだけの話です。よく読むと、一節ごとに非常に複雑な含意と知見が含まれていて、しかもゲルナー一流の、平易だけどユニークな文章で綴られている。

このゲルナーという人は、一九二五年パリ生まれ、プラハ育ちのドイツ系ユダヤ人で、ナチスがプラハを占領した後、家族とイギリスに移住して、戦争末期にはチェコ独立機甲旅団に加わってドイツと戦ったあと、オックスフォード大学を卒業。後にロンドン大学の哲学教授を務めながら、北アフリカで社会人類学の現地調査を行い、晩年はプラハの中央ヨーロッパ大学ナショナリズム研究センター所長を務めるといった、非常にダイナミックな知識人でした。

こういう本を単に要約して話しても、あまり意味はありません。そのなかの刺激的なところを選んでじっくり読んで、ゲルナーの発想を勉強する、そういうやり方で行きたいと思います。

ナショナリズムを否定神学で斬る

まずゲルナーが独特なのは、ナショナリズムを精緻に定義づけるといった方法は取らないことです。そのかわりに、ナショナリズムに関する誤った理論について、短いリストを提示する、という。これは否定神学の発想なんですね。

否定神学というのは、そもそもビサンツ神学、東ローマ正教会の神学です。

神は愛である。神は絶対である。神は……という形で定義付けようとするのは肯定神学。カトリックやプロテスタントではこういう形がとられることが多い。

それに対して、東ローマ正教会では、神は唯一者ではない。神は人間ではない。神は複数ではない。……という形で、否定を重ね、誤っているものを排除するという形で定義する。これが否定神学なんですね。なぜなら、誤りを排除したほうが、物事をより正確に定義できるから。

この否定神学は、いわゆるポストモダンの思想界で非常に注目されました。たとえば前期のウィトゲンシュタインの考え方もそれに近い。『論理哲学論考』の有名な最後の命題「語りえぬものについては、沈黙しなければならない」というのはまさにそれで、ビザンツ神学を現代に言い換えたものだといえます。

この否定神学の方法を使って、ゲルナーが挙げているのが、次の四つです。

① ナショナリズムは自然で、自明で、自己発生的なものである。もし存在しないとすれば、それは強制的に抑圧されているからに違いない。
② ナショナリズムは観念の産物で、悔やむべき不測の出来事によって生まれたものに過ぎない。ナショナリズムなしでも政治は成り立つ。
③ 本来、階級闘争に向けられるべきエネルギーが、間違って民族運動に向けられてしまった。
④ ナショナリズムは暗い神々、先祖の血や、土の力が再出現したものである。

この四つのいずれかに、ナショナリズムを論じる大方の論者は含まれてしまうと思いますが、ゲルナーは〈これらの理論のうち、わずかばかりでも有効性を認められるものは一つもない〉と一刀両断にします。

まず①はいわゆる原初主義的な立場ですね。興味深いのは、後段の「もしナショナリズムが存在しないならば、それは強制的に抑圧されているのだ」というところです。これを現代日本にパラフレーズしてみると、「日本人は、今、日本を忘れている。それはアメリカに抑圧されているからだ。それが戦後史の真実だったんだ。この抑圧さえなければ、日本人は日本人らしくなる」となります。これに対して、ゲルナーはこうした考え方は完全に間違っていると否定します。

実はこれは、ドイツの哲学者フィヒテの『ドイツ国民に告ぐ』のロジックなんです。いま自分たちが間違った道を選んでいるのは、外から強制的に選ばされている、と。そして「私はわが同朋が誤った道を進んでいるときに、一人だけ正しい道を進みたいとは思わないのです。同朋と共に誤った道であれ、進んでいく。そして、その中で努力して、正しい道への可能性を探る」という趣旨の演説をして、大喝采を受ける。つまり、賛成できない事態に迎合するときのロジックなんですね。

②は典型的な道具主義の議論です。ナショナリズムや民族は、でっち上げられた概念に過ぎない。現代のように科学技術が発達している産業社会では、こんな民族などというナンセンスなものに依存するべきではないという立場。ゲルナーはこれも間違いだという。この①と②を両方否定するのは矛盾しているように見えますが、そうではありません。ナショナリズムが近代的な現象であり、自明のものではないとしながらも、それが生まれたことには理由があり、思うがままに消失させることなどできない、というのが、ゲルナーの立場なのです。

③は、マルクス主義者への皮肉ですね。これはスターリンのところでも論じましたが、「万国の労働者よ、団結せよ」と呼びかけたのに、世界的なプロレタリア革命など起きず、民族革命ばかりが盛んに起きている。

そして④はナチズムの考え方です。これに対して、ゲルナーは〈これは、ナショナリズムを愛する者と嫌悪する者との両方がしばしば共有する見方である。前者は、こういった暗い力を生命を躍動させるものと考え、後者は、それを野蛮だと考える〉とコメントしています。敵対する両者が、実は同じ認識を共有していると皮肉っているわけですね。

ただ私はこの「血と土の神話」はけっしてあなどってはいけないと思います。たとえば沖縄の動きを見ていても、琉球民族独立総合研究学会には、琉球民族のみしか、会員になれないという規定がある。これは一種の人種条項であり、「血と土の神話」そのものなんですね。もっともこの学会の人たちは、こういう条項を設けておかないと、日本人によって運動がかきまぜられると懸念しているのだと思います。この懸念には過去の運動の経緯からみて、十分な根拠があります。

「文化」か？「意志」か？

もっともゲルナーも「そのいずれもが十分ではない」と留保しながらも、暫定的な民族の定義は試みています。

①〈二人の人間は〉同じ文化を共有する場合に、そしてその場合にのみ、同じ民族に属する。その場合の文化が意味するのは、考え方・記号・連想・行動とコミュニケーションとの様式から成る一つのシステムである。

②〈二人の人間は〉彼らがお互いを同じ民族に属していると認知する場合に、そしてその場合にのみ、同じ民族に属する。換言するならば、民族は人間が作るのであって、民族とは人間の信念と忠誠心と連帯感とによって作り出された人工物なのである。（例えば、ある領域の住人であるとか、ある言語を話す人々であるとかといった）単なる範疇に分けられた人々は、もし彼らが、共有するメンバーシップの故に、互いにある相互的な権利と義務とを持っていると固く認識するならば、その時、民族となる。

一番目は、文化に力点を置いた考え方。二番目はメンバーの意志、民族意識に力点を置いています。

圧倒的大多数の日本人の感覚は、①の「文化」でしょう。紅白歌合戦を見て、ゆく年くる年を聞いて、お正月になったら餅を食べて、春になったら桜を見に行く。こういう生活習慣やそのなかに内在する価値観も含めた文化を共有しているという感覚です。

それに対して、沖縄の場合は②の「意志」の比重が高い。自分たちがどちらに属しているのか、日本人なのか、沖縄人なのかというアイデンティティが大事です。さらに、自分が沖縄人だと思っているだけではなく、沖縄共同体のほうも、こいつはわれわれのメンバーだと認知することによって、民族が形成されている。

一般的にいうと、①の「文化」に重点があるのは、比較的大民族で、②の「意志」が強調されるのは、大民族の領域の中にいる小民族という傾向があります。この二つの立場のズレはなかなか相互理解が難しい。

分業の原理と暴力の関係

ゲルナーの民族理論の大きな長所は、経済という視点をもっていることです。ゲルナーは産業社会の成立こそが民族やナショナリズムの苗床になったと考えるのです。

ゲルナーの議論の射程の深さは、前農耕社会、農耕社会、産業社会という歴史の基本的な三段階を想定して、そのなかで産業社会を論じていることです。

採集狩猟集団は、国家を構成するような政治的分業を受け入れるにはあまりにも小規模であり、過去においてもそうであった。したがって、彼らにとっては、国家の問題、つまり、安定し専門化した秩序強制の組織の問題は本当には起らない。対照的に、決してすべてのではないが、多くの農耕社会は国家を与えられてきた。（略）人類の歴史における農耕社会の段階は、国家の存在自体がいわば選択肢であるような時期であった。さらに国家の形態は著しく多様であった。採集狩猟の段階では、この選択肢は存在しなかったのである。

それに対し、ポスト農耕社会、つまり産業社会では、再び選択肢が失われた。しかし、今度は国家の不在ではなく存在が避けられないものとなったのである。（略）産業社会は非常に巨大であり、社会が慣れ親しんできた（略）生活水準を維持するためには、信じがたいほど複雑で全面的な分業と協働とに依拠しなければならない。

このように、国家のあり方を経済構造の変化と結びつけて捉えるのです。さらにゲルナーは、産業社会のありかたが権力＝暴力のあり方も規定しているとも論じています。

近代社会は、秩序の維持が社会全体に分散されていない一つあるいは集団的な機関の仕事であるという意味で、常に、そして不可避的に中央集権的である。複雑な分業体制、相互補完性と相互依存性、そして絶え間ない流動性——こういった要素が相まって、市民が生産者であり、かつ暴力への参加者であるという二役を演じることを阻止している。市民が何役をも演じるということは、とりわけ牧畜社会では起りうる。そこでは、牧夫は、同時に、兵士であり、またしばしば元老院議員や法律家であり、また部族の吟遊詩人でもあるからである。その社会では、社会全体の文化のすべて、もしくはほとんどすべてが、人々の間に様々な形で分配されるのではなく、それぞれの個人の内部に圧縮されているかのようであり、また、その社会は、少なくともその半分の男性については、驚くほど専門化することを差し控えているようである。この種の社会が許容する数少ない専門家たちは、同時に社会から蔑《さげす》まれてもいる。

遊牧民に近い牧畜家たちの間ではありうることであるとしても、こういったことは複雑な近代産業社会ではおよそ不可能である。この社会を構成する専門家たちは、家からオフィスに向かう道を射撃しながら進むといった時間をとることはできないし、競争相手の企業の従業員による奇襲攻撃に対する予防対策を立てたり、また彼ら自身が夜の報復攻撃に参加することもできない。

現代でも北コーカサス地方のチェチェンやチェルケスなどの山岳民族はいつも刀をぶら

下げて歩いていますね。山の中にいるから、いつオオカミなどに出くわすかも知れない、あるいは山賊に襲われる可能性もあるから、自分で自分の身を守らないといけない。近くに警察なんていないから、こうした地域ではいまでも生産者と暴力への参加者という二役を担っているわけです。

チェチェンの場合は、王さまがいないから、長老によって物事を決めるのですが、多数決がないんです。だから満場一致になるまで、議論は何度でも繰り返す。その代わり一度決まったことは、全員が納得したうえで行うことだから、抜け駆けは許されない。こういうところでは、全員が政治家でもあるわけです。

そういう世界においても、専門職は存在します。例えば刀をつくる。靴をつくる。これは素人にはできない。特定の分野では職人がいるわけですが、だいたい共同体の中では差別の対象になりやすい、というのが近代的な分業ができる前の社会の特徴です。それから、家庭と労働の場が分かれていない。さらに教育も、家庭の中でなされている。同じ年の人が集まって、同じところで教育を受けるというシステムは、近代の産物なんです。

近代的分業は、政治にも及んでいます。近代社会においては、日本を含めて代議制民主主義が基本だけども、選挙で政治家を選んだら、市民は政治に関与しない。政治も専門家にまかせて、自分たちは欲望の追求——主に経済活動を行う。その経済活動ができる環境を、政治家は整える。これも産業社会的な分業の原理に貫かれているわけです。

いずれにせよ、われわれ市民社会では、一般の市民は暴力から遠ざけられているというのは基本原則といっていい。その意味では、アメリカだけちょっと違う。銃によって自分の身を守るのは基本的人権であって、国家がそれに干渉するのはおかしいという論理なんです。しかし、これを言い換えると、ライフルを持って、人を殺すことができるのが、人間としての固有の権利だということになっているわけですね。しかし、これはあくまでアメリカのローカル・ルールだから、世界的には普及しない。

しかし現代の世界においても、暴力の値段はところによって大きく違うんですね。ロシアでは暴力の値段がおそろしく安い。だから私が外交官として赴任していたときには、向こうの人間から、「サトウ、気をつけろよ」とよく言われました。安いと三〇万、高くても三〇〇〇万で殺人を請け負う奴がいるから、恨まれないようにすることだ、と忠告された。それに対して、日本の社会は、暴力を行使したり、それに抵抗する訓練を日常的に受けたりしていないから、暴力の値段がすごく高い。暴力にも市場原理があるわけなんです。

均質化を求める産業社会

ゲルナーのユニークなところは、産業社会を「エントロピー」という熱力学の概念で説明することです。そして、その枠組みを使って、民族問題の源ともなる差別の問題にも踏み込んでいく。このあたりの凄みは、ゲルナー特有のものです。

ゲルナーの議論を見ていく前に、簡単にエントロピーの説明をしておきましょう。

たとえばバケツの水にインクを垂らします。当然、インクは水のなかで拡散していく。では、水に混じってしまったインクを、もとに戻して、インクだけ集めることはできるでしょうか。もちろん、不可能です。これがエントロピー構造です。熱や流動的な物質は拡散し、やがて均質に広がっていく。これはエントロピーが増大している状態です。熱でいえば、たとえば部屋の空気がすべて同じ温度になると、もうそれ以上はなにも起こりません。この状態を熱死といいます。このエントロピーの原理に、最終的にはわれわれも従わざるを得ません。やがては誰もが死んで、腐って、土に還る。

ところが、生きている間は、われわれの体は維持されています。エントロピー・レジスト、耐エントロピー構造があるからです。呼吸をしたり、食事をしたりすることで、エントロピーの増大を食い止めているわけです。

そこで一枚の金属の板を想定してみましょう。もし金属がすべて同じ素材であれば、均等に熱くなるはずですが、たとえばある部分は鉄で、ある部分はステンレス、ある部分はアルミニウムだったら、場所によって温度が違うことが起きる。こうした特定の場所だけ、熱が溜まったり、逆に冷えている状態を、耐エントロピーと表現して、それをナショナリズムに適用することができるのではないか、というのが、ゲルナーの着想なんです。

では、『民族とナショナリズム』の第六章、「産業社会における社会的エントロピーと平等」を読んでいきましょう。

農耕社会から産業社会への移行は、一種のエントロピー効果を、すなわち決まった様式から意図的な無定型性への転換を伴う。農耕社会は、その相対的に固定的な専門化と、地域、血縁、職業そして位階に基づく恒久的な集団分類とによって明確に特徴づけられる社会構造を有している。（略）社会は文化的差異を不快なものとみなすどころか、それを表現し承認することが最も相応しく適切なことであると心得ている。

文化的差異への尊敬が礼儀作法のまさに本質なのである。
産業社会はこれとは異なる。（略）〈地域や労働の〉単位への帰属は固定されたものではなくて、出入りが激しく、一般に構成員の忠誠心や一体感を保証したり確約したりはしない。（略）本質的に無作為で流動的であるような全体性によって古い構造は消滅させられ、ほとんど取って代わられてしまうのである。個人と全共同体との間のどの中間レヴェルにおいても、有効で拘束力ある組織はほとんど存在しない。（略）下位集団が浸蝕され、読み書き能力に依存する共有文化の重要性が広く増大するために、民族は今やこの上もなく重要なものとなる。

ここでの農耕社会は、職業も専門化されていて、地縁や血縁などによってさまざまな縛りのなかで生きる身分制社会のイメージですね。そういう社会においては、言葉でいえば敬語が極めて複雑に発達します。

それに対して産業社会は、基本的には全員がフリーターの世界です。どんな職業についてもいいし、どこに住んでもいい。その意味で、全員が均質だといえる。基本的な教育を受けていれば、誰でも均質の労働ができるようになるというのが、産業社会の基本モデルです。それをゲルナーは「エントロピーの増大」と表現している。

そして、前近代社会にあったギルドや教会、大規模な親族組織などの下位集団は解体が進むか、影響力が減少する。そこで重要になるのが国家であり、「民族」なのです。

そこでゲルナーは産業社会において、重要なのは教育だと指摘します。

> 不可避的に、国家は膨大な社会的インフラストラクチャーの維持と監督（その費用は、きわめて驚くべきことに、社会の総所得の半分に近い）を引き受けることになる。教育制度は国家の非常に重要な一部となり、文化的・言語的媒体の維持が教育の中心的役割となる。市民はこの媒体の範囲内でのみ概念的に呼吸し活動することができるのであり、その媒体は国家の領域や教育的・文化的装置と同一の広がりを持ち、保護や支えや世話を必要とするのである。

アンダーソンは『想像の共同体』の中で、ネイション、民族とは想像上の政治的共同体だと唱えました。それだけでは、ある日、みんなが共同体だと想像したり、支配層がその観念を押しつけたら、民族が生まれるかのようなロジックにみえてしまう。

それに対して、ゲルナーは、民族は近代の産業社会になって、人間が均質化することで生まれた、と論じています。均質な労働力を生み出すために、均質な教育システムによって、文化が共有されていく。それが政治単位と結びついたところで、民族はつくられるという考えになるわけです。

それまでの農耕社会だと、農民の子は農民、職人の子はずっと職人だったから、教育のコストは低く抑えられた。ところが産業社会では均質な労働力として何でもできるようにしておかなくてはならない。そうなると、教育に莫大な金と手間がかかるわけです。

文化の役割は、もはや社会内部の構造的差異を強調したり、それらを可視的かつ権威あるものにさせたりすることではない（略）。逆に、文化的相違が地位の相違と結びついたり、それを強化したりするようなことが起これば、それは当該の社会にとって恥ずべきことであり、その教育制度の部分的失敗の印とみなされるのである。教育制度に委ねられている課題は、全社会に相応しい忠実かつ有能なメンバーを育成することにあり、（略）もし教育制度の一部が怠慢もしくは内密の目論見によって本質的な文化的相違を実際に作り出し、そうすることによって差別を許容したり奨励したり

すれば、それはちょっとしたスキャンダルの一種とみなされるのである。

近代国家においては、裏口入学とか、教育上の不正に対して、感情的な反発が非常に強い。たとえば私立大学だったら、一企業として、卒業生をステークホルダー（利害関係者）と捉えて親族を優遇したり、他人よりも高い価格をつけた人に教育を提供してもいいようなものだけど、それは社会的に許されません。

それはなぜかというと、ナショナリズムの原理に抵触するからです。ひとつにはゲルナーが説いているように、教育制度が社会の均質化を保証しているから。そして、もうひとつは、国家以外の下位集団の中で、学校を核として、ナショナリズムよりも強力な紐帯をつくり出されては困るからです。国家よりも強い絆で結ばれた集団は、学閥、企業であろうが、過激派、ヤクザ組織であろうが、みんな反国家的な存在なんですね。

結論から言うと、国家を超えるような帰属意識を養成できる集団は、近代社会においては成立しにくいわけです。もし成立するとすれば、そこにはそうとう強力な耐エントロピー構造が必要になります。たとえば宗教。たとえばイデオロギー。こういうものを強力に持った集団でないかぎり、国家に対抗することはできない。

そこでゲルナーの議論は、均質な産業社会に不均衡をもたらす耐エントロピー構造に向かいます。

耐エントロピー構造と人種差別

この種の〈産業〉社会では諸個人は、上述のように無作為的かつエントロピー的に移動し配分されねばならないということが強調されると、一つの重要な問題が生じてくる。この社会の中では下位共同体が部分的に浸蝕され、それらの精神的権威がひどく弱められるにもかかわらず、しかし、人々はあらゆる仕方で相違を持ち続ける。人々は、背が高いか低いかによって、肥っているか痩せているかによって、色が濃いか薄いかによって、またその他多くの仕方によって類別されるからである。（略）その一部は社会的・政治的にきわめて重要となる。私は、それらを耐エントロピーとでも呼びたい。

産業社会は、アトム（原子）モデルで成り立っています。すべての個人は、個人として完結していて、みんな均質である。一人一票の選挙制度も、このモデルによって支えられています。

すべてのプレーヤーは、みんな、同じ能力、同じ条件を持っていて、市場で競争する。機会は平等で、あとは運と努力と実力だとされているのですが、みなさんもよく知っている通り、これは嘘です。

というのは、人間というのは、背丈においても、肌の色においても、運動能力においても、知力においても、記憶力においても、千差万別。全員、差異がある。そして、ある種の差異を無視し、別の差異に関しては非常に敏感になることで、社会が維持されている。そこに差別というものが生じる。そこまで踏み込まないと、民族はわからない、とゲルナーは言っている。

そこで登場するのが、「青色人」というたとえです。

例えば、ある社会が、遺伝的偶然によって色素の青い人を一定数含んでいると仮定してみよう。さらに、新しい経済の最初の確立から数世代が経過し、政府が「すべての才能に開かれた機会」の政策を公布し施行しているにもかかわらず、たいていの青色人が当該社会の頂点か底辺かのどちらかの場所を執拗に占有し続けている、言い換えれば、彼らがこの社会で利用しうる便益のうちあまりにも多くのものを得るか、あるいはあまりにもわずかのものしか得られない傾向にあると仮定してみよう。この場合には、青色は、ここで意図されている意味での社会的耐エントロピーの特性を持つものとなるであろう。

この青色人のたとえは、もう少し先でより詳しく論じられますが、ここでゲルナーが示唆しているのは、端的にいえば、人種による差別の問題です。

この問題を論じる前に、ゲルナーはもっと流動的な、いつでも生起したり、解消したりする耐エントロピー＝差別の問題を取り上げます。

いつの時点でも耐エントロピーであるような特性を作り出すことは、常に可能であるという点に注意する必要がある。あれこれの種類の人々にだけ適用しうる概念を作り出すことは常に可能である。けれども、普通この意味で概念の耐エントロピー性が重要性を持ちうるのは、その概念がある程度自然な観念である場合、すなわち、当面

の目的のために人為的に作り出されるのではなく、当該の社会の中ですでに使用されている場合においてのみである。（略）耐エントロピー特性は産業社会にとってきわめて深刻な難題を形成する。

最近でいえば、日本で急速に耐エントロピー構造が形成された例として、原発事故による風評被害が挙げられます。福島県のトラックが入れない、福島の野菜が売れない、福島からの転校生がいじめられるといった事態が、一時期、頻繁に起きていた。

これはもちろん原発事故による放射能汚染によるもので、福島出身者のほかの属性にまったくかかわりなしに、排斥する傾向が生まれてしまったわけです。

お笑い芸人がヒーローになる理由

さらに日常的な場面で、耐エントロピー構造が簡単につくり出されている場所というと、何が思い浮かびますか？　たとえば学校ですね。スクールカーストやいじめの問題は、まさにゲルナーのいう耐エントロピー構造になっています。たとえば、どうもあいつはプラモデルに凝っている、暗い、オタクだ、などと言われて、スクールカーストの下位に位置づけられたりする。ところが、別の状況においては、こいつは凄い、プラモデルを作らせたらクラス一だ、とまったく違った評価を受ける可能性もあるんです。

そのなかで、いつもチャラチャラして、ふざけている、おどけている子もいますね。かつてなら、いじめを避けるために仕方なくおどけていた面もあったんだけど、今やこうしたコミュニケーション能力の高さは、特に小学校高学年から中学生においては、生き残るための必須のツールになっている。むしろ、ノリを素早く読んで、ふざけてみんなを笑わせられる子はスクールカーストの上位に入れるわけです。又吉直樹さんの『火花』（文春文庫）が三〇〇万部というような超ベストセラーになりましたね。いまの若者にとって、お笑い芸人というのはヒーローであり、憧れの対象なんです。だから惹きつけられる。

また、ゲルナーが強調しているのは、どんな特徴でも差別の対象になるわけではなくて、それが既に社会の中に定着してしまっている場合に、深刻な問題となるということです。

次にゲルナーは少数民族や移民において生じる耐エントロピー構造を論じます。これも非常に現代的なテーマですね。ゲルナーはそれをコミュニケーションの問題として分析していきます。

周辺文化を持つ住民を悩まし、彼らとその指導者たちを文化的な、そして結局は政治的なナショナリズムへと向かわせる政治的・経済的に進んだ中心の言語・文化に対するアクセス上の格差も、もちろん一種の耐エントロピーである。官僚や企業家の用いる主要な行政言語の方言すら喋ることのできない移民労働者は、まさにその理由のために、最初は社会的ヒエラルヒーの底辺に留まるに違いないであろうし、したがってまた、彼らにつきまとう不利益を彼ら自身あるいは子供たちのために改善したり埋めあわせたりすることもできないであろう。他方で、彼らの言語（あるいはむしろ、その方言の一つが標準化され洗練化されたもの）が新しく独立した民族国家の教育・官庁・商業用語になる時には、これらの特別な不利益は消滅し、彼らの文化的特性は耐エントロピーであることをやめるであろう。

われわれに引きつけて考えると、日韓併合後の朝鮮がこれに当てはまります。当時、朝鮮人は日本語が堪能ではない、あるいは朝鮮語の特性からして一定の発音ができないといった理由で、エリート層になかなか上がれなかった。朝鮮総督府の役人になれても、東京の中央官庁で高等官になるのは非常に難しいし、財閥の幹部になるのも難しかった。子どもの世代になると、日本に同化して、日本語も完璧にあやつれるようになるケースもあるけど、それには時間がかかる。
ところが、日本から独立してしまって、韓国語・朝鮮語を公用語にすれば、この問題は完全に解消します。日本社会ではコミュニケーションを困難にしていた韓国語・朝鮮語、それから朝鮮文化・韓国文化が、まったく耐エントロピー構造とはならなくなる。だから差別が構造化していると、それを克服するために分離独立運動が出てくるんです。

多くの者〈移民・少数民族〉は、最初は同化し、その後に自分たちの新しい文化のために高文化としての十分な地位と国家というそれ自身の政治的屋根とを確保しようと政治的な闘争に加わることによって、もともとは純粋に自分たちのものではない文化のためにイレデンティズム的なナショナリストとなったのである。

植民地化されたり、移民となったりして、ある共同体に入る。そのとき最初の選択は、その共同体の主流派に同化していくことなんですね。ところが、多くの場合、それは挫折する。そうすると、「この国はとんでもないところだ」というので、ものすごい反発を抱いて、もともとの自分の出自である民族に対して、過剰な理想化をするわけです。

イレデンティズムとは「民族統一主義」と訳されることが多いのですが、離れてしまったもとの民族との一体化を目指す、遠距離ナショナリズムです。故郷を離れ、観念の中で組み立てられた、理想化された民族意識というものは、ものすごい力を持つ。それが分離運動や独立運動になっていく。

そして、ゲルナーはかなり危険な問題に踏み込んでいきます。

> もし実際に問題となっていることのすべてがコミュニケーション・ギャップだけならば（略）成功したナショナリズムか同化かによって、あるいは両者の重複によって、癒されうる（略）。しかし、亀裂という社会的帰結が、コミュニケーション上の不利益を是正するだけでは癒されない形態の耐エントロピーがある。この場合には、教育を通じての同化という第二の選択は塞がれている。問題となっているのはコミュニケーションの障害だけではないからである。

この次にゲルナーは再び青色人のたとえを提示します。

言語や文化の違いや、経済的な貧窮状態にあるから教育水準が低いという問題は、コミュニケーションの問題だから、是正の方法はある。しかしそれでも是正できないものが、実は人種的なものだと示唆している。肌の色や背の高さ、毛深さとかいった、本人にはどうしようもない遺伝的な要素によって、差別が起き、民族の起源になりうる、ということは、ヨーロッパでもアメリカでもきちんと論じられていません。

「青色人」の政治学

大きな社会内部の、色素の青い下位集団というわれわれの仮説的ケースに戻り、様々の理由で彼らが社会階梯の底辺近くに集中していると想定してみよう。

産業社会は様々な社会的地位をその市民たちに供給する上できわめて不平等主義的であり、一部の者は他の者よりはるかに有利である。けれども、この社会的地位のシステムが一種の連続体を形成している（そこには極端な非連続性が存在しない）という点で、さらに、社会的に上昇したり下降したりすることが可能で、システム内に厳格な障壁を設けることが不正であるという、誇張されているかもしれないが、まったく真理を欠いているというわけでもない広く流布された信仰があるという点で、この社会は平等主義的でもある。

いずれにせよ、たいていの農耕社会と比較して、産業社会は驚くほど平等主義的であり、発達した産業社会では生活様式の著しい収斂と社会的格差の大幅な減少とがみられる。けれども、社会の底辺に集中させられている青い色をした人々というわれわれの仮説的ケースの場合には、容易に識別しうるということ（青は人目につく色である）と、このタイプの人々（青人）が一定のパターンで、すなわち反エントロピー的に分布しているということとが結びついて、ある種のきわめて不幸な結果をもたらすのである。

この青色人を黒人と読みかえれば、ここで書かれていることがよくわかると思います。ただし、アメリカでは、黒人差別は見えにくくなっている。もちろんアメリカにも黒人差別は厳然と残っていて、差別に起因する事件や暴動なども起きています。ただアメリカの法廷ドラマなどを見てもわかるように、陪審員や裁判官は男女の人数がピッタリ半分で、白人、黒人、ヒスパニック、アジア系がだいたい人口に比例する形になっている。つまり差別が可視化されにくいルールが作られているわけです。これに対して、もっと露骨に差別が表現されるのが、実はヨーロッパなんです。イタリアのベルルスコーニ首相が、オバマが大統領に当選したとき、「オバマは若くて、ハンサムで、よく日焼けしている」とコメントしたのを覚えていますか？　あのときもイタリア人の関係者たちはみんな大笑いしていたけれど、アメリカだったら大変な差別発言として一斉に叩かれることは間違いない。ヨーロッパの本質は差別社会なんですよ。

それに対して、アメリカにはさまざまな差別があるとしても、一応は、能力がある人間は上昇できるんだという強い強迫観念がある。しかし、その一方ではトランプ時代になって、白人至上主義者が暴れ出すなど、押さえつけられた差別意識が噴出している。

もちろんゲルナーは、人種差別を肯定しているわけではありません。

諸集団の生まれつきの能力が、しばしばある程度違っていると仮定しても間違いではない。すべての才能が完全に平等に配分されているという仮定には、完璧に平らな土地と同じくらいの蓋然性しかないからである。同様に明らかなのは、能力の発展に

ついては、生まれつきの資質よりも社会的要因の方がはるかに重要だということである（略）。いずれにせよ、所与の「エスニック」あるいは「人種」集団内部で生じる能力差の範囲は、そうした多様な集団の能力平均値間の差よりもはるかに大きいことが明白である以上、この問題はすべて大して重要ではない。

それぞれの民族、たとえばモンゴル人と日本人を比べた場合、視力、特に動体視力においてはモンゴル人に、日本人は絶対に勝てない。視力が五・〇ぐらいある人がたくさんいるからね。それは遺伝的な要素と、生活環境、子どものころからの訓練の要素がすべて含まれている。そういう民族間もしくは人種間の差は確かにあるけれど、それは個体差、たとえば同じ黒人の中で足が速い人と遅い人の差を比べた場合、比較にならないほど、集団と集団のあいだの差は小さいとゲルナーは述べている。これはバランスのとれた見解で、説得力があります。

このことからきわめて重要な点が導き出される。青色人は底辺に集中させられ、しかも、彼らが行うことは、平均的にみて、より無作為に分布している集団のそれよりも劣るかもしれない。それが遺伝的な差によるのか社会的要因によるのかどうかは、誰にも分からない。しかし、一つのことだけは確かである。すなわち、青色人人口の中には、全人口中の非常に多くの非青色人人口のメンバーよりも、今日妥当なものとして用いられているどのような能力基準からみても、はるかに有能で適した者が大勢いるかもしれないということである。

差別の怖いところは、差別をされている集団の中には、客観的に見て、能力よりもはるかに低いことにしか従事できない状況になっている人たちが、一定数いるということです。日本でもバブル後の不況の中で、就職氷河期がありましたね。このとき大学や大学院まで出たけれど、就職先が見つからなくて、フリーターを余儀なくされ、今も雇用が安定してないという、かなりの数の人たちが存在する。そこに積もっている負のエネルギーは、差別の構造と似たところがあります。ほかの集団に所属していたら期待できる収入よりも、はるかに低いといった状況が続くと、そこに生じるいかりやよどみが、あるところにおいて言語化され、組織化され、爆発する可能性がある。しかし差別している側は、そういうエネルギーが溜まっていることが見えていない。そして実際に爆発したときにはだいたい手遅れなんだと。

さらにゲルナーは青色人への差別がさらに激化していく構造も論じています。

このように描かれ定義された状況の下では、さて何が起きるであろうか。青と言えば低い地位を連想することから、青色人に対する偏見が生まれるであろう。（略）もし底辺にいる人々のうちきわめて多くの者の膚の色が青ければ、底辺よりほんの少し上にいる人が、下の方に押しやられる恐れから、彼らより低い人々に対して抱く偏見は、不可避的に青色に向けられる。実際、社会階梯の下層に属する非青色人人口は、反青色人感情にとりわけ陥りやすいであろう。彼らには他に自慢できることがほとんどなく、それ故、非青色人であるという彼らのたった一つの哀れな卓越性に、激しい憎悪の念をもって固執する

これはまさに日本のヘイトスピーチ、アメリカの白人至上主義運動として現れている現象でしょう。社会で決して恵まれているところにいない人たちの中で、自分の唯一の属性、要するに在日外国人ではない、黒人ではないという一点を強調する。

ゲルナーはこうした人種主義とナショナリズムの問題から目をそらすことなく、しかもそれをストレートな言い方にしないで、ちゃんと解読できる人間にはその重大さがわかるような書き方をしている。このあたりの彼のレトリック、たとえば青色人という地球には一人もいないモデルを提示するあたりも、表現者として優れているといえるでしょう。

民族はいかにして生まれるか？

では、ゲルナーの議論の結論部をみてみましょう。

なぜ産業社会が民族やナショナリズムの苗床となるのか？　それを改めてわかりやすく論じています。

われわれの一般的議論は次のように言い換えられるであろう。産業化は流動的で文化的に同質的な社会を生じさせ、したがって、その社会は、以前の安定的で階層化され教条的で絶対論的な農耕社会には通常欠けていたような、平等主義への期待と渇望とを持つ。

この議論はすごく重要です。マックス・ウェーバーは有名な『プロテスタンティズムの倫理と資本主義の精神』（岩波文庫）などで、近代的な自由と平等があるから、起業家精神が起きて、産業社会ができたんだと論じていました。ところが、ゲルナーはそれは逆だ、というわけですね。

産業社会では、仕事の内容も、働いているメンバーも、働く場所も、すべて流動的になる。だから移動の自由、身分の自由、職業選択の自由が生まれてきて、みんなが均質化するから平等主義的になっていく。どんな形の仕事にも対応できる労働者が必要となるのですが、そうなると、マニュアルを読めたり、計算できたりといった汎用の能力が必要になる。そこで教育の重要性が上がり、自由と平等という理念も浸透しやすくなっていく、とゲルナーは考えたわけです。

同時に、産業社会は、その初期の段階で、きわめて厳しい、苦痛に満ちた、きわだった不平等を生じさせる。しかも、この不平等は、大きな社会不安を伴うが故に、そして、産業化の初期の段階では、不利な立場に置かれた人々が相対的のみならず絶対的な苦難を蒙りがちであるが故に、一層苦痛に満ちたものとなる。そのような状況――平等主義的期待、不平等主義的現実、苦難、そして願望されてはいるが未だ実現されていない文化的同質性――では、潜在的な政治的緊張が深刻なものとなり、この緊張が支配者と被支配者、特権的な人々と非特権的な人々とを分ける適当な象徴や識別マークをつかむことができれば、それは現実化してしまうのである。

この政治的緊張は、その特性として、言語や遺伝的な特徴（「人種主義」）を、あるいは文化だけをつかむであろう。産業化しつつある社会では、コミュニケーションが、それ故文化が、かつてない新たな重要性を帯びるという事実は、この緊張をそうした方向に強く向けさせる。

しかし、当然ながら、平等は簡単には実現しません。前近代社会であれば、もともと平等は期待されていない。産業社会では平等の期待がある分、不平等が強く意識される。そして、勝ち組と負け組を分ける「適当な象徴や識別マーク」が実体化されやすくなってしまうのです。

その「識別マーク」となるものが、言語や遺伝的な特徴、文化である。ここにおいて、民族やナショナリズムが形成されていく。

そうして生まれた民族が、自分たちの文化を核として、国家（ネイション・ステート）を作ることができれば、問題は解決できるんだけども、それができない状況に置かれた人たちはつねに社会的緊張をはらんでいく。その解決法はおそらくないという極めて悲観的な見方で、あとは、どうにかして騙し騙しで運営していくしかない、というのが、ゲルナーの議論から導き出される実践的な教訓だといえます。あえて悪い言い方をすると、差別をいかにごまかす技法を身につけるかっていうことが、為政者の能力だといっている。

では、産業社会がさらに進んで、完全に均質化がなされたらどうなるか？　これはまさに新自由主義の考え方なのですが、その帰結はエントロピーの極大、すなわち社会の死にほかなりません。

資本家の立場になって考えてみましょう。労働基準法も何もなければ、労働者を死ぬまで働かせるのが、資本家の理想といえます。極論に聞こえますが、原理的には、労働力がパーツ化されて、完全に交換可能になるのが産業社会の理想なんですね。そうなると、資本というシステムで、人間が人間であることを保っている耐エントロピー構造、食事とか余暇といった要素がなくなって、マネーの世界に解体されていってしまう。これは現実には起こりえないけれど、理論的な帰結なんです。だから資本主義は社会を解体するとともに、究極的には人間を殺す傾向があるわけです。

その意味においては、資本主義の論理、産業社会の論理はつきつめると、人間という動物にはあまりなじまない。だからつねに資本主義とは別の原理をもってきて、バランスを取りながら、取りあえず成り立っているというのが、現実世界だと思います。

そうなると重要なのは、やはり宗教の問題なんですね。一方に、人間をも解体していく資本の論理があり、もう一方では差別を生み出す耐エントロピー構造がある。これをキリスト教でいえば、人間が逃れられない「罪」だということになる。そこから、そうした悪を等身大で捉えた上で、この世界を維持していくにはどうしたらいいか、という発想になっていくわけです。やはり宗教的な考え方が、世俗化された形で、社会のどこかに埋め込まれていないと、われわれの社会は維持できないんですよ。

応用問題　ヘイト本の構造

若手編集者たちの〝共通点〟

今、書店に行って、新刊書のところを見ると、ヘイト本といわれるたぐいの本がいかにたくさん出ているかがわかります。反韓、反中本をはじめ、一部には沖縄ヘイト本や、反米本がずらりと並べられていますね。

もうひとつ目につくのが、日本礼賛本。実は日本人はすごい、優秀な民族なんだという自分褒め本です。そして三番目は自己啓発本。これを読むと出世する、これを読むとモテるようになるというもの。だいたいこの三種類で、覆われています。

若い編集者と話をしていると、私もヘイト本を作っていますという人がいるんですね。何人か会ううちに、このヘイト本をつくっている編集者に特徴があることがわかりました。まず年齢は、二〇代から三〇代のはじめ。それから就職活動で、出版社以外の業種を受けている。金融とか、外資のコンサルタント会社などを受けて、条件がいいということで出版社に入った。それも入社後の志望は編集職ではなく、営業なんです。

一昔前の出版社向けの就職マニュアルだと、営業を志望したほうが採用されやすい、とよく書かれていたのですが、彼らはちょっと違うんです。そういう就職対策として偽装しているのではなく、ほんとうに営業に関心がある。つまり商品として本を捉えているわけです。

たしかに一般企業では、数字を出す営業部こそ現場の花形というところは少なくない。たとえば白石一文さんの小説『私という運命について』（角川文庫）。これは衛星放送のドラマにもなっているんだけども、ちょうどバブルのころ、総合職で入社した女性が主人公なんですが、彼女が三〇代の半ばぐらいで営業から経理に異動になる。そのときにひと言、ボソッと「総合職の終着点ですね」と呟くんです。営業からはずされるというのは、それくらい重い。だから若手の編集者のなかには、編集よりも営業がえらいと思っている人は意外と多いんです。

それで彼らは本を作る際、マーケット・リサーチをして、確実に売れるものは何かというと、それがヘイト本なんですね。もしくは日本礼賛本か、自己啓発本。そして、次に書き手を探す。そのときもっとも重要な条件は何だと思う？　それは納期を守ることなんです。名前だけで売れるような一流の書き手はもちろん別ですよ。

量産されているようなヘイト本の著者たちの多くは、原稿ができてもそのまま使い物にはならない。そこで編集者が適当に手を入れるのですが、そうした著者たちはあんまりクレームをつけないから、製品にしやすい。それが一定の数、売れていけば、編集者の評価が上がる。そういう仕組みで、次々とヘイト本、日本礼賛本が市場を席巻するわけです。取りあえず売れればいいということで、それにストップをかける幹部もあんまりいない。これが続くと出版業界の底が抜けるような事態に至るのではないかと私は心配しています。

「無知は力なり」

これはナショナリズムという観点からも重大な問題なんです。アンダーソンが論じているように、民族やナショナリズムを形成するには、出版の力が非常に大きい。そうなると、現代の日本人のナショナリズムのボトムのところは、排外的なヘイト本や、自己愛あふれる「日本すごい」本でかたちづくられてしまうわけで、これはちょっと恐ろしい事態だというほかない。

実は、戦前の日本、一九三〇年代も、これに似た出版状況だったんです。このとき出版物のマスを占めた一方の雄が、エログロナンセンス。そしてもう一方では、『日本人の偉さの研究』（先進社）みたいな本が出てくる。日本人はどうしてえらいのか、それは便器に踏ん張っているからだと。ヤンキー（アメリカ人）のように椅子に座っているわけではないから、腰のバネの力が強く、ヤンキーどもを蹴飛ばすことができる、といったことが延々と書かれています。これは昭和六年に初版が刊行されるのですが、そのときは全然売れなかった。より戦時色が強くなって数年後に再刊されると、ベストセラーの仲間入りをするんです。再刊されたほうの序文に、著者の中山忠直が、世の中だんだん正常になってきた、私の考えが主流になってきたと書いている（笑）。

それである編集者とこの話をして、「今はこの時代を笑えないんじゃないか。戦争は平和で、自由は隷属で、無知は力なりですね」というと、相手が目を輝かせて、「それで一冊書けないですか」と身を乗り出してきた。そんなことをしたら『1984』の丸パクリになってしまうと答えると、目をキョトンとさせて、「え？　村上春樹さん、そんなこと書いてました？」という。驚いたことに、ジョージ・オーウェルを知らないんですよ。

これは、オーウェルの有名な小説『一九八四年』（ハヤカワepi文庫）で、独裁者ビッグブラザーが支配する超監視社会での三つのスローガンですね。「戦争は平和である。自由は隷属である。無知は力である」というスローガンが町のあちこちに貼られている。書店に積み上げられたヘイト本、「日本すごい」本の山をみていると、思わず「無知は力なり」と呟きそうになります。

第五講　民族理論でウクライナ問題を読み解く

地図は立体的に読め

今回は実際の国際問題を、民族という観点から読み解くというテーマで、ウクライナ問題を取り上げたいと思います。実はこのウクライナ問題には、地政学、言語、宗教、教育、経済など、これまで民族理論で登場したあらゆる要素が複雑にからみあっている。その意味で、恰好のケーススタディになると思います。

国際情勢を読むための資料にはいろいろあるけれど、日本の場合、ニュース解説の本はたくさんある。歴史の本も相当マイナーな題材まで、意外ときちんと刊行されている。では、どこが死角になっているかというと、地理なんです。しかも地理を立体的に捉えるというセンスが弱い。

たとえばドイツ映画には、山をひたすら撮っているような山岳映画という独自のジャンルがあって、ドイツ人は喜んでそれを観ているんですね。ドイツ、あるいはイギリスも、小学校から地図をどう読むかという教育にすごく力を入れている。その場合、地図の読み方のポイントというのは、二次元の地図からどうやって三次元のイメージを読み取るか、ものごとを立体的に見ていくというところにあるんです。だから、標準的なドイツ人は、地図を見たり、国際情勢のニュースを見るときに、立体で理解することが習慣化されている。

たとえば中東でいえば、イランという国は、高い丘の上にある。そこから周囲を見下ろしている感じなんです。高地に位置しているということは、気候的にいうと、サウジアラビアやアラブ首長国連邦のように極端に暑くはならない。むしろ冬季の寒さは厳しい。そういうことも、地図をきちんと読めばわかってくるわけです。

地政学の祖といわれるハルフォード・マッキンダーも、地理的な要素を重視する。世の中には、マッキンダーの地政学なんてもう古いという人たちもいて、第二次世界大戦後の国際政治学者に言わせると、マッキンダーの理論は、飛行機が実用化される以前の話だというわけです。今はどんなに距離が離れていても、飛行機によって、人とモノの移動を簡単にできるし、情報通信の発達によって、情報やカネの移動も瞬時にできる。だから地理的な制約要因はないんだと。だからマッキンダーの理論は時代遅れだとみなされていたのですが、最近になってマッキンダーは再びブームになっている。なぜかといえば、現実の世界情勢、あるいは戦略面で、マッキンダーの理論のほうが説明能力が高いとわかってきたからです。

二〇〇一年に「九・一一」同時多発テロが起きて、アメリカはイラクとアフガニスタンを攻撃しました。このとき、イラクのサダム・フセイン政権を叩き潰すことはできたのになぜアフガニスタンのタリバン政権を制圧することができなかったのか？　あるいはリビアのカダフィ政権を倒すことができて、なぜシリアのアサド政権は完全に潰すことができないのか？　その鍵となるのは、山なんです。

リビアにも、イラクにも山がない。それに対してアフガニスタンは国全体が山そのものだし、シリアのアラウィー派、すなわちアサドたちが拠点としている北西地域も山岳地帯なんです。あるいはロシアがチェチェンを結局、平定できなかったのも、チェチェンは山だから。バスクで独立運動が起きても、スペイン政府が有効な手立てを打てないのも、バスクが山だからなんですね。

つまりどんなに飛行機が発達しても、ミサイルを撃ち込んでも、地上戦をしてみても、山に逃げ込んでしまった勢力を掃討することはできない。それは日本の歴史を見てもわかる。南北朝をはじめ、日本の貴族や武士たちは、戦いに敗れると吉野山に逃げたわけです。

マッキンダーも戦略上の障害になるというので、山をすごく重視していました。その観点から見ると、やはり山がある新疆ウイグル自治区、タジク、キルギスといった山岳地帯は、これから火種を抱える地域になるし、イスラム国が逃げるとしたら、そういう場所だろうということも当然、想定できるわけなんです。

すると逆に、山がほとんどないところはどうなるのか？　諸勢力の草刈り場になる。周辺からいろんな勢力が入ってきて、そこで抗争が起きる。その一つが、ウクライナなんです。

ウクライナの意味は「田舎」

そもそもウクライナとはどういう意味なのか。まず「クライ」は、囲い。「ウ」は傍《そば》。だからウクライナは囲いの傍で、地方、田舎というような意味なんです。

今のウクライナは、人口が五三〇〇万人くらい。ウクライナ人が三七〇〇万人、ロシア人が一一〇〇万人、ユダヤ人五〇万人。ベラルーシ人四五万人といったうちわけで、だいたい一〇〇の民族が住んでいます。

ただし、ウクライナの東のほうに行くと、住民のほとんどがロシア語をしゃべっていて、彼らは日常生活を送る上では、自分たちがウクライナ人かロシア人かなんて、誰も考えていなかった。別に考えなくても生きていけたから。それが二〇一三年末ごろからウクライナとロシアのあいだが緊張してきて、大変な状態になってくるわけです。

この問題を解くには、ウクライナの複雑な歴史的アイデンティティを見ていく必要があります。

まず九八八年、今のウクライナの首都キエフにあった、キエフ・ルーシ、いわゆるキエフ大公国で、ウラジミール公が洗礼を受けた。これがロシアにキリスト教が導入された始まりなのですが、『ルーシ年代記』によると、カトリックとイスラームと正教の三つを比べたわけです。まずイスラームは強いから、これを受け入れたらどうだという話が出たけれど、酒を飲めないという話を聞いて、まずイスラームは落とした。それからカトリックは、教会法とか規則がいろいろとうるさくて、王様もそれに従えと言われるから嫌だ、となった。そこで、正教の儀式の話を聞いてみたら、天国がそのまま再現されているそうだから、まさにこれだと思って、正教の洗礼を受けたという、いかにもロシアらしい伝説が残されています。

そのあと、キエフ・ルーシにはモンゴル・タタールが攻め込んできたために、ロシア人たちは次の中心地をモスクワに決めて、発展していった。これがロシア人が考えるロシア史なんです。

ところが、ウクライナ人は別の歴史観を持っているわけ。キエフ・ルーシの伝統は、ウクライナの西側になるガリツィア地方のリヴォフ、ウクライナ語だとリヴィウに行って、ガリツィア公国となる。それによってウクライナという国のもとができる。つまりキエフ・ルーシの正統を継いでいるのは、ウクライナだという解釈なんですね。

ところがこのガリツィア公国は、一四世紀にポーランド王国に編入されてしまいます。それから一八世紀まではポーランド領、その後、オーストリア・ハンガリー二重帝国の領土にされて、第一次世界大戦後に再びポーランドの一部となる。第二次世界大戦後にソ連に組み込まれるまで、ロシアではなかったわけです。

ちなみにポーランドというと、日本では、ヒトラーとスターリンに蹂躙《じゅうりん》された悲劇の国というイメージが強い。ところが、ポーランドは、イタリアに次いで世界で二番目のファシスト国家なんですね。ナチス・ドイツよりもポーランドのピウスツキ政権のほうが成立が早い。反ソ、反共という姿勢が非常に強かったから、戦前の日本陸軍はポーランド陸軍情報部との関係を非常に強化していた。

このポーランド人からすると、ウクライナというのは自分たちの影響下にある辺境と思っている。ロシア語でも、ポーランド語でも、ウクライナは田舎という意味なんです。つまり周りから、田舎だ田舎だといわれているうちに、それが国名になり、民族名になってしまった。

さて、ウクライナの歴史観では、自分たちはキエフ・ルーシの継承者で、ポーランドとロシアという大国に挟まれているために、なかなか国家としての独立は達成できなかったんだけども、独自の民族を形成してきた、ということになるわけです。だから、モスクワ公国とキエフ・ルーシは連続していないと、ウクライナ人たちは考えている。歴史の物語というのは、どちらでもつくれるわけです。

東と西で言語が分裂

いまのウクライナ西部はポーランドやオーストリア・ハンガリー二重帝国の一部となって、東部はロシア帝国に組み込まれます。ロシアに組み込まれた東部も、もともとはウクライナ語を話していました。ところが一九世紀に帝政ロシアがロシア化政策を進め、ウクライナ語の使用を禁止したんです。これはウクライナだけに同化政策を迫ったわけではなく、まさにアンダーソンのいう「公定ナショナリズム」として、帝国のすべての領域で、出版物もロシア語のみ、学校教育も初等教育からロシア語だけにした。

言葉というものは、文字という基準がなくなって、話し言葉だけになると、実はすごく動いていくようになるんですね。だから五〇キロぐらい離れた村だと、別の方言になってきて、コミュニケーションが難しくなってくるんです。そうなると、ロシア領のウクライナ人のほとんどが、実質的にはロシア語を話すようになっていく。

でも、これはウクライナに対する差別政策だったのかというと、必ずしもそうではなかった。この講義で何度も扱っているように、民族というのは近代的な概念で、まだ一八世紀から一九世紀のロシアは近代化自体が中途半端だから、民族という概念もまだ中途半端にしか形成されてないわけです。だから、ロシア語を完全に使えるようになって、正教徒であるならば、上のほうは貴族として認められるし、中産階級や下級階層でも、官僚や聖職者になって上昇していこうと思えば、ロシア人、ウクライナ人といった差別なく、上昇していけたんですね。

そういう状況において、ロシア帝国の領内では、特に大きなトラブルなく同化政策が進んでいった。問題は西部のガリツィア地方です。ここはオーストリア・ハンガリー帝国の版図の中に入った。皇帝であるハプスブルク家はドイツ系なんだけど、ハンガリーと二重帝国を形成する際に、それぞれの文化自治を重視するというのが、帝国の方針となっていきます。だからポーランド語もチェコ語もスロバキア語もスロベニア語もクロアチア語も、みんな、自由に使って良かった。

それで、リヴィウ、直訳するとライオンの町という意味ですが、このリヴィウに大学も出版所もあって、日常会話でも新聞、雑誌、書籍でもウクライナ語が使われていたわけです。

もちろん民族は言語だけで決まるのではありませんが、民族的なアイデンティティを決定するうえでは、非常に重要な要素であることは間違いない。このウクライナ語を使うか、使わないかは、今日に至るまで根源的な問題になっていくのです。

ナチス・ドイツとソ連の狭間で

ロシアに組み込まれたウクライナ東部は、ソ連時代になると、悲惨な運命を辿ります。

その最大の悲劇は、一九三〇年にはじまった、農業集団化の強制でした。

ロシアの村は「ミール」というのですが、これはロシア語で農村共同体という意味と同時に、世界、そして平和という意味なんです。三つの意味があるというより、ロシアにおいては、農村共同体が世界であり、平和だった。だから、土地の私有制もなく、土地はみんなのものだった。ところが、ウクライナには土地の私有制があった。そこでソビエト政府が農業集団化を行うときも、ロシアでは比較的簡単にできたけれど、ウクライナでは抵抗が激しかった。そこで無理やり農業集団化したところ、農民たちのサボタージュが相次いだのです。それに対して、徹底的に締めてやれというスターリンの命令で、強制移住させられて農地や家畜を奪われたり、飢餓状態になっても輸出のために小麦を徴発されたりといった状態が続いて、四〇〇万人ぐらいの餓死者が出たのです。一九八〇年代の終わりに『アガニョーク（ともしび）』という雑誌に、当時のウクライナの写真が出たのですが、肉屋に人間の肉がぶら下がっているわけです。要するに食い物がないから、人間の肉を食べていた。

そして第二次世界大戦が起きると、今度はナチス・ドイツがやってくる。

ナチス・ドイツは最初、ウクライナ人にこうもちかけました。

――おまえたちはロシアに長年ひどい目に遭ってきただろう。いずれにせよドイツは東方植民をして、ウクライナを支配する。ロシアも支配する。しかしドイツ人は人数が足りないから、ウクライナ解放軍をつくって、戦争に勝利したら、ウクライナ人にウクライナの統治をまかせる。民族独立を保証して、ウクライナ国家をつくる、と。

それでウクライナ解放軍を募集したら、三〇万人がそれに応じます。今の日本の自衛隊の総兵力が約二三万人だから、それよりも多い。ちなみにソ連赤軍のほうに馳せ参じたウクライナ人は二〇〇万人。だから三〇万人対二〇〇万人で、同じ民族が二つに分かれて、殺し合うことになってしまった。

ところが、はじめウクライナをナチス・ドイツが占拠したのですが、ドイツのやり方は、基本的に、「約束はしたが、その約束を守るとは約束していない」というものだから、独立は認めない。その代わりに、きみたちには特別のステイタスをあげるといって、「オストアルバイター」すなわち東方出身の労働者として、炭鉱や工場での重労働に服させたわけです。こんなひどい仕打ちを受けたために、戦争の末期になると、ウクライナ解放軍は反ナチスの立場で、逆に独立運動をはじめます。

この経緯は、ウクライナの歴史では、ナチス・ドイツからウクライナの独立を獲得するうえで活躍したという面が強調されていて、ロシアの教科書を見ると、ウクライナ解放軍はナチスのゲッベルスと一緒になって東方政策に加担した、とされている。

ちなみに今もガリツィア地方を中心に活動している「スヴォボダ」という政党がありま す。スヴォボダというのは、ウクライナ語で自由という意味です。ナチスの親衛隊によく似た旗を掲げ、血や民族や名誉をすごく大切にして、夜中、太鼓を叩きながら、松明をかざして、行進をしたり、テレビ局を襲撃したりするという政党なのですが、こんな政党が二〇一四年のクーデターの際には、重要な役割を担ったのです。

カナダのウクライナ人が独立運動を支えた

第二次大戦でドイツが撤退すると、ソ連赤軍が入ってきて、ガリツィアも含め、ソ連の一部とされるのですが、さらにここに宗教問題が加わってきます。

実はガリツィア地方の人々はカトリック教徒なんです。それがユニア教会（東方帰一教会）といって少し訳ありのカトリックなんですね。一六世紀、宗教改革の反動で、カトリックがイエズス会をつくり、巻き返し作戦に出ます。そしてポーランド、チェコ、ハンガリーをカトリック圏にして、さらにウクライナにも入ってきた。イエズス会はきわめて融通無碍で、その地域の文化にとことん擦り寄っていく。だからユニア教会も見た目は正教そっくりなんです。

このユニア教会が、一九四六年に、自発的によく考えてみたら、われわれは正教徒だったと思うようになった、というので、ロシア正教会に自発的に併合されたいと望んで、ロシア正教会の一部になるわけです。もちろん、その会議の席には秘密警察も入っていたし、ソ連軍も出動していました。そのときに併合に反対を唱える自由はあっただろうけども、この自由を行使したらこの世に留まれたかどうかはわからない、そういう状況下で併合が進められたわけです。

しかし、旧ウクライナ解放軍の一部は、一九五〇年代の後半になっても、山籠りして抵抗を続けていました。

さらにソ連支配を潔しとしないウクライナ人たちが、カナダの西部に亡命したわけです。少なく見積もって四〇万人、多くて一四〇万人といわれるウクライナ人が住んでいて、エドモントンという国内で五番目に大きな都市には移民村があります。だから、今、カナダで最も話されている言語は英語、その次はケベック州を中心にフランス語で、三番目に話されているのが実はウクライナ語になるんです。

ソビエト政権は、このガリツィア地方への外国人の出入りを厳しく制限し、同時にガリツィア地方の出身者も海外に出ることを禁止します。

それが一九八五年にゴルバチョフが登場してきて、八〇年代の終わりに人の往来を自由にしたわけです。当時、ソ連はもう経済が破綻状態になっていたから、高校の先生の一カ月の給料がだいたい五ドルだった。そうなると、国外から流入するマネーが絶大な力を発揮するようになるのです。

ウクライナの独立運動をルフ（ウクライナ語で「運動」を意味する）というのですが、これが西と東ではまったく別々の発展をしていく。西ウクライナの民族独立運動を支えたのは、カナダにいるウクライナ人です。今までウクライナに住んだことはない。しかし、お父さん、お祖父ちゃん、お祖母ちゃんから、ウクライナ人がいかに偉大な民族で、自分たちの民族独立のために、最初はナチスと手を組んで、そのあとはナチスと戦って、ナチスをようやく駆逐できたと思ったら、その後はソ連と戦うことになって、最後まで名誉を大切にして、ふるさとを大切に思うのだけど、共産主義者のもとで生活するぐらいだったら亡命を選んで、カナダに暮らしているんだと教えられて育った。

それがようやく故郷のガリツィアへ自由に行けるようになったというので、普通の労働者でも、一〇〇〇ドル、二〇〇〇ドルは旅行費用としてカナダから持っていって、その一部をウクライナの民族運動に寄付するわけです。一〇〇ドル寄付するだけでも、それで一年半、一人の活動家を養える。こうして、西ウクライナの民族活動家にはジャブジャブとカネが入ってきて、何の仕事もしなくても、いや、ソ連からの分離独立運動を仕事として食っていけるようになった。

これと似たようなケースが、かつてのＩＲＡ（アイルランド共和軍）です。イギリスに対して、北アイルランド独立運動を展開していたテロリスト集団ですが、これをサポートしていたのは、実はニューヨークで成功した、アイルランド系のアメリカ移民たちでした。一度もアイルランドに行ったことのない人たちを含め、心の中にあるアイルランドをサポートしたいという思い。こういうナショナリズムのことを、遠距離ナショナリズムといいます。つまり故郷を離脱した人々が、それゆえにもとの故郷を過剰に理想化し、アイデンティティとしていくわけです。

「Г」をめぐる闘い

ソ連体制下で、さんざんな仕打ちにあわせられたウクライナですが、フルシチョフの時代に少し締め付けを緩めて、ウクライナ語を自由に使っていいことになります。ソビエト的なウクライナ化政策が始まる。

しかし、そこがソビエト式です。ロシア語には英語の「H」に相当する音がないんです。そこで「H」にあたる音を「Г」(ゲー)、英語の「G」で表記しました。だから横浜はロシア語だとヨコガマになる。ドイツの哲学者ヘーゲルはゲーゲリになるわけです。

ウクライナ語には「H」の発音があるのですが、これを「Г」(ハー)で表記し、「G」にあたる音を「Ґ」(ゲー)であらわしていました。ところがソ連は「Ґ」の文字を使うことは許さなかった。無理やり「Г」に置き換えさせたわけです。だからウクライナで「Ґ」の文字を使うと、ソビエト国家に対して反逆する分子ということで、強制収容所に七年送られることになった。これに反革命罪が加わると、二〇年も強制収容所送りになる。

シベリアのマイナス四〇度になる強制収容所での生活が三年を超えると、だいたいの人は死にます。二〇回も冬を越すことはほぼ不可能。つまり「Ґ」を使うだけで、実質的には死刑同然の重罪とみなされたわけです。ナショナリズムにとって、言語、文字がいかに重いかをあらわす極端な一例ですね。

それがゴルバチョフのペレストロイカになると、ウクライナ人の間でこの「Ґ」を取り戻そうという運動が始まります。それとともにユニア教会を自立したものとして公認してくれという主張もなされるようになる。

ゴルバチョフは文字の持つシンボル的な意味とか、宗教の意味がよく理解できなかった。だから、彼らをサポートすれば、ペレストロイカを支持してくれると勘違いして、「Ґ」もユニア教会も認めてしまいます。その結果は、急速な分離独立運動の高まりでした。

しかし、厄介なことにソ連からの自立という記憶は、相当程度ナチス・ドイツと結びついています。さらに、それを後押しするのは、カナダの民族主義的なウクライナ人の遠隔地ナショナリズム。こうした構図の中で、ウクライナという民族意識は、西ウクライナ主導で出来上がってきたわけです。

ウクライナの独立後に、ロシアとの間で興味深い外交戦争が起きました。言葉をめぐる戦いです。

ロシア語には、「ヴ」という前置詞があります。これはだいたい英語の「in」に相当します。それに対して「ナ」という前置詞は、英語の「on」にあたる。

これはどう使い分けているのかというと、「日本で」という文章は、ロシア語では、「ヴ・イポーニ」となります。それに対して、「ウクライナで」は「ナ・ウクライーネ」になる。つまり国家に対しては「ヴ」で、「ナ」だと国家というより地方というニュアンスになるんですね。

だから、ウクライナは、独立したあと、公式文書に「ナ」という形でウクライナの国名が付いている文書は絶対に受理しなくなったんです。逆にロシア外務省は、ウクライナ側が「ヴ・ウクライーネ」と書いた文書を送ってくると、これはロシア語じゃないといって受理しない。一時期ですが、前置詞ひとつをめぐって激しい対立が起きていたのです。現在はウクライナ宛ての外交文書は「ヴ」で表記します。こういう小さな差異が、ときに深刻な問題を呼び起こすことがあるわけです。

「公用語」が内戦の引き金に

一九九一年、ソ連が崩壊して、ウクライナは国家として独立します。ここでまたもや頭をもたげてきたのが言語の問題です。新国家ウクライナの公用語はウクライナ語になります。公教育も、一九九二年以降、国全体でウクライナ語をベースとして行われてきた。ただし東部地域、南部地域、クリミアではロシア語学校が主流で、例外的にロシア語で教育がなされていました。独立しても、東部のウクライナ人のアイデンティティはまだ決まっていません。自分がウクライナ人であるか、ロシア人であるか、依然として意識していなかった。それでも生活にはまったく問題なかったのです。

ところが、それでは済まなくなったのが二〇一四年二月以降です。さっき触れたスヴォボダを含むウクライナの民族派が、武力クーデターによって権力を握ってしまった。ちょうどこのときは、ソチ五輪のさなかで、オリンピック期間はロシアが介入できないと読んでの行動だったわけです。

そして彼らが権力を取った瞬間に何を言ったか。ロシア語を公用語から外して、ウクライナ語だけを公用語とすると宣言したんです。実はこの宣言は、翌日には撤回されるのですが、このたった一言がウクライナ内戦の引き金となってしまったのです。

何故か？　もしウクライナ語だけが公用語となったら、東ウクライナで、ロシア語しかしゃべれない公務員は全員解雇されるからです。さらに東ウクライナは国有企業が多いから、ウクライナ語が自由に操れない管理職部門の人間も職に留まれなくなる。生活に直結する大問題なんです。

ここでウクライナの経済問題も深く絡んできます。われわれがウクライナを見るとき、はじめ、西に行くほどヨーロッパに近くなるから豊かなんだろうと錯覚してしまうのですが、実際はウクライナは西に行くほど山岳地帯となって、貧しくなっていくんです。それに対して、ロシアに近い東側は、重点的にインフラも整備しているし、物資の供給も豊富だった。

東ウクライナの人たちは、ソ連の体制に順応していたから、政治的にはほとんど受動的で、今まで大規模なデモや集会などの経験に乏しかったわけです。しかし、スヴォボダなど西ウクライナの民族主義者がどういう人たちかはわかっていたから、彼らが主導権を握ったら、自分たちの生活基盤を完全に脅かされるという危機感を抱きます。そこで通常考えられるのは、政府に請願をする、あるいは自分たちの地域の議員をウクライナの議会に送り込むという手法ですが、それが通用するような政権ではないという認識を、東ウクライナの人々は持っていた。その認識は正しいのですが、それで何をやったかというと、東ウクライナの行政機関は自分たちの手から離さない、キエフの中央政府から誰か送り込んできても、言うことは聞かないぞと言って、籠城を始めた。

通常、籠城を始めたら、普通の国だったら機動隊を出して、解除させるでしょう。ところが、トゥルチノフという大統領代行は、行政機関を占拠しているのはテロリストだと言って空爆してしまった。これで東ウクライナの人たちは、この政権はわれわれを同胞と見なしていないと確信するんです。それで自分で自分の身を守らないといけないと武装を始めていく。

これに対して、ロシアの側は、東ウクライナにいるのは同じロシア人だという論理で支援を始めるのですが、いきなりロシアの正規軍を送り込んだわけではありません。

たとえば、ロシア軍が演習で、ウクライナの国境地帯に行きますね。すると、隊長がみんなを呼んで、「明日から俺は休暇を取る。それに合わせて、諸君にも休暇を取ってもらいたいと思うが、異議がある者は一歩、前に出ろ」と。誰も前に出ない。そこで、「休暇の期間中は、おまえらはロシア軍とは無関係だ。さて、ここで相談だがな。俺は明日からドネック（東ウクライナの都市）にボランティアで義勇兵に行く。みんなも同行したかったら、自由意思で参加するか？　行きたくない者は一歩、前に出ろ」と。こういう具合に、たくさんのロシア人たちが「自発的」にウクライナに行って戦闘に従事したわけです。

ロシアの国境概念と北方領土

では、ロシアはウクライナ問題について何を考えているでしょうか。ロシアが考えていることは比較的簡単で、彼らの国境観は「線」ではなくて、「面」なんです。隣国との間に国境線を引いても、それだけでは安心できない。国境線の向こう側に、ロシア領ではないけれど、ロシアが自由に行動できる領域が欲しいわけ。軍事戦略用語でいえばバッファー、緩衝地帯。だから、ロシアにとっては、ウクライナはあくまで自分たちが自由に行動できるバッファーであってほしいわけです。

だから、かつてモンゴルはソビエト社会主義共和国連邦に加盟したいと思っていたのですが、ソビエトはそれをさせなかった。なぜかというと、モンゴルがソ連の一部になってしまうと、中国との直接国境がさらに長くなることとなる。中ソ間で直接、国境紛争が起きることを心配したために、モンゴルという緩衝地帯を必要としたわけです。

これは東欧でも同様で、ポーランドや東ドイツをはじめとする地域を、ソ連に加盟させることもできたのに、敢えて加盟させなかった。それらをすべて独立させて、西側とのバッファーにした。

これは実際にも効力を発揮しているんですね。第二次世界大戦後、NATOの飛行機がロシア機を撃ち落とした事例はひとつしかない。二〇一五年一一月、トルコ・シリアの国境でトルコのNATO軍がSu‐24戦闘爆撃機を撃墜した件、たった一件だけです。バッファーを置いたがゆえに、ソ連と西側が直接に軍事衝突する「熱い戦争」にはならず、「冷たい戦争」が維持されてきたわけです。

ロシアは陸の大国だから、とにかく国境線が異常に長いんですね。だからこれを守るのは非常に大変なんです。われらロシア屋はこの感覚が身についている。

北方領土問題でも、素人が考えている案と玄人が考えている案の違いは、このバッファーに対する感覚の有無なんです。

その意味で、歯舞・色丹・国後の三島返還論は、玄人が考える案なんです。ロシアの行政区画だと、北方領土は三つの行政区に分かれています。歯舞群島・色丹・国後島は南クリル、択捉と得撫は中クリル、それより北の占守島までの島は北クリルとなっていて、とりあえず南クリルの三島で解決するというのは、理屈が立っているわけです。歴史的にいっても、択捉島に関しては、一八〇〇年まではロシアの影響力のほうが強かった。それ以降は日本の影響力が強まるけれど、一八〇〇年という時間軸で区分をする考え方は成り立つ。

それに対して、「面積で二分して、択捉島の南のほうに国境線を引く」という三島半返還論は、一〇〇％、ロシア専門家の発想じゃない。さきのロシアの国境概念から考えると、陸上で国境線を引いたら、確実に国境紛争を起こすとロシア専門家は考えるわけです。

ロシアとの直接国境をいかにして陸上で持たないようにするかが、実はロシアとの安定的な環境を維持するうえの要諦なんです。国民の悲願が仮にあるとしても、択捉島の一部で陸上国境を持つくらいなら、三島という形にしたほうが、安全保障上のリスクは少ないでしょう。

何が「分断線」となるのか？

こうしてウクライナ問題を詳しくみていくと、ナショナリズムというものの怖さ、危険な部分が幾重にも折り重なっていることがわかったと思います。

長年ウクライナ語を使い、ウクライナ人という強い自己意識を持ちながら、ナチスとソ連の狭間に立たされた西ウクライナ人、それとロシアに同化して特別な民族意識を持たないできた東ウクライナ人とのギャップ。さらには、一度も住んだことのない、そしてこれから住むこともないだろう西ウクライナに対する、カナダにいるウクライナ人たちの過剰な思い。国境は面ではないと安心できないというロシア人の集合的な意識。これらが交錯していく。

そういう長い時間に蓄積されてきたものがあるから、たとえば「Г」の文字を使うかどうか、といった些細なシンボル操作によって、民族間の分断線ができる。何がそのシンボルになるかは、じつは誰にもわからない。そしていったんシンボルが出来上がると、誰にも止められなくなってしまう。政治家たちは、盛り上がったナショナリズムを利用しようとして煽ることはできても、コントロールすることはほとんど不可能なんですね。それは集団の集合的無意識が動かすものだから。

だから、アンダーソンに代表される「道具主義的民族論」が唱えるように、エリートが自分たちの支配のために「民族」というものをつくり上げることができるというモデルは、民族という複雑な現象をわかっていない、机上の空論だということがわかります。

◆**推薦図書④**◆

地理について学び直したい人は、まずは教科書を読み返すことをおすすめします。

『もういちど読む山川地理』（山川出版社、新版二〇一七年）

また、海外でどんな地理の授業がなされているかに興味がある人は、

『全訳世界の地理教科書シリーズ』（帝国書院、一九七七〜一九八〇年）

これは全三〇巻からなる世界各国の地理の教科書の翻訳ですが、古書でしか手に入らないと思います。イギリス、ドイツなど国別に刊行されているから、バラ売りで入手できる。

さらに学びたい人は、外国の義務教育で使われている地理の教科書を何冊か買って、並行して読むと、国際水準での地理の講義の仕方がよくわかります。

応用問題　エスノクレンジング

最も危険で、確実な「解決策」

民族問題がこじれてしまうと、非常に解決が難しいことはよくわかったと思いますが、ひとつ確実な解決策がある。それは紛争地域から少数民族がいなくなることなんです。いわゆるエスノクレンジングですね。これはとても危険な方向だけど、現実にはこうして民族問題が解決している事例はたくさん存在する。

たとえば東ウクライナでは、いま親ロシアの勢力によるドネツク人民共和国とルガンスク人民共和国ができて、ウクライナ政府の管轄を外れています。ここからウクライナ人というアイデンティティを主張する人が一人もいなくなれば、民族問題は解決する。とんでもない議論のように思えるけど、これは現実に進行している事態なんですね。ウクライナの現実は、そうした非常に危険な方向に進んでいるんです。

ほかの例でいえば、アゼルバイジャンとアルメニアが争っているナゴルノ・カラバフ紛争。このナゴルノ・カラバフ自治州には、もともとコーカサスのアルバニア人という人々がいた。宗教はキリスト教のカルケドン派、言葉は自前のアルバニア語。ところが、中世に自分たちの民族性を失って、周辺に溶解してしまうんです。

このとき異端派のアルメニア・キリスト教を信じるようになった人たちはアルメニア語を話す。そしてイスラム教のシーア派を信じる人たちは、チュルク系のアゼリー語を話すようになった。こちらはアゼルバイジャン人という民族意識を持つようになる。そして、アルメニア人とアゼルバイジャン人に分かれて、民族衝突が起きるわけです。

これを、ナゴルノ・カラバフはどちらのものだったかと問うても、その設問自体がナンセンスなんです。もともといたコーカサスのアルバニア人は分解して、すでにいなくなってしまったから。

このナゴルノ・カラバフでは、いまやアゼルバイジャン領に住んでいるアルメニア人は一人もいない。アルメニア側に住んでいるアゼルバイジャン人も一人もいません。和平交渉は進んでいないけれど、停戦状態は続いています。ある意味でエスノクレンジングが完成したといえる。

このナゴルノ・カラバフ紛争が泥沼化した最大の失敗は、民族衝突にモスクワの中央政府が関与したことです。

これはセルゲイ・アルチューノフというロシアの民族学者が紛争の初期のころから警告していたことで、彼の主張によれば、こうした衝突が起きた場合、周辺地域がやることは重火器が入らないようにすることだけだ、と。あとは徹底的に戦わせるしかない。重火器を使わずに、一〇〇〇人という数の人間を殺すのは大変なことで、もうこれ以上の殺し合いは嫌だと心の底から思ったところで、互いの指導者同士が直接交渉して、合意する。これ以外に方法はないのだ、というわけです。その前に第三国、たとえばロシアが関与して仲裁をすると、不利な状態になった側は、必ず相手側の背後にロシアがあると考える。仮に公平な裁定を行っても、双方に少しずつ不満が残り、双方が相手の背後にはモスクワがあると思われると。

つまりアルチューノフは、民族衝突が起きると、あるピークに行くまでは、人為的に抑えられないんだという、非常に突き放した見方を示したわけです。そのときはなんてひどいことを言うんだと思ったんだけども、あとからみると、彼の言っていたことは本当だった。だから私は民族紛争については、軟着陸シナリオは不可能に近いと考えているんですね。

流血のユーゴと平和分離のチェコの差は？

ただ、もう一つ、そういう方向に至らない道もある。それは教育なんです。

たとえばチェコスロバキアが分裂するときには、流血が一つも起きなかった。東欧諸国の中でも異質だったのですが、それを可能にした要因のひとつに、チェコでは他文化、他民族を認める教育を徹底させていたことが挙げられると思います。

このチェコの姿勢を象徴するのは、建国時のトマーシュ・ガリッグ・マサリク大統領の、もし他国がおかしいと見えるときには、自国のナショナリズムに病理が発生している、という発想です。そしてこの言葉が示すとおり、チェコスロバキアではすべての民族が平等で、チェコ人やスロバキア人の権利を認めないようなズデーテン地方のドイツ人たちでさえも、その人たちの行動が言論や出版に限っている範囲においては、すべて認めるという姿勢を貫いた。その対象にはナチス党も含まれていました。

第二次大戦前、ズデーテン地方で活動していたナチス党は人種主義を掲げ、チェコ人を奴隷化して、ズデーテン地方はドイツが占領すべきだと主張していたのですが、当時のチェコ政府は、それでも直接的な暴力行為はしていないし、議会を通じた形で、自らの主張を実現しようとしているから、民主原則から禁止してはいけないと、彼らの活動を認めたのです。

そうした結果、チェコにナチス・ドイツが招き入れられて、チェコスロバキアは一度解体されてしまった。このときのドイツのやり口がまたひどくて、ハイドリヒというナチス親衛隊の実力者がチェコでゲリラたちに暗殺されたとき、ゲリラの一人を匿った疑いがあるというだけで、プラハ郊外のリディツェという村を地上から消してしまった。成人男性一九八人を射殺、女性一九五人は強制収容所に送られました。子どもは収容所に入れたり、アーリア人にするといって無理やり養子に出して、その多くは消息不明となりました。村の建物から森の木まで全部、ブルドーザーで除去して、完全な更地にした。こういうことをナチスはやったわけです。

だから、戦後、さすがのチェコ人もドイツ人だけはすべて強制追放にしました。これも一種のエスノクレンジングですが、この報復行為も、後にチェコは反省し、自ら真相究明して、ドイツに謝罪もしています。

これもひとつのナショナリズムなんです。つまりチェコは、自分たちは道義性において、つねに国際的な基準にのっとって行動する、それによって国際社会の中で尊敬され、自民族の生き残りにもつながるんだと考えているんですね。自国ファーストのナショナリズムを避けるという形のナショナリズムという、逆説を生きている国なんです。だから、チェコとスロバキアが分裂するときにも、流血の事態を引き起こさなかったということを、チェコ人もスロバキア人も誇りにしている。

これはおなじような環境にあったユーゴスラビアとは、まったく対極的な道を歩んだといえます。ユーゴスラビアは、「七つの国境、六つの共和国、五つの民族、四つの言語、三つの宗教、二つの文字、一つの国家」といわれるように、きわめて複雑な民族ナショナリズムがぶつかり合っていた地域で、「ユーゴスラビア人」という新しい民族ができたのだ、という虚構によってスタートした国家でした。それが分裂の際には、同じ「ユーゴスラビア人」だったはずの人々が血塗《まみ》れの殺し合いを繰り返すことになった。

それに対し、民族問題の複雑さを見据えたうえで、「自分たちの民族意識のなかには、常に病理が潜んでいる可能性がある」という教育を徹底してきたチェコスロバキアは、平和裏の分離を果たした。この教訓はとても重いと考えます。

第六講　民族理論で沖縄問題を読み解く

――アントニー・スミス「エトニー」概念から考える

現場で使える「エトニー」理論

最後にアントニー・スミスというイギリスの社会学者が書いた『ネイションとエスニシティ』（名古屋大学出版会）という本を参照しながら、現実に起きている事例として沖縄問題を論じていきたいと思います。ナショナリズム論、民族理論というのは、理論的な完成度もさることながら、結局は、現実の政治をいかに説明できるか、実践面にいかに活かしていくかが大事なのですが、その意味で、ゲルナーの弟子でもあるスミスの議論は「使える」ナショナリズム論になっています。

アンダーソンはナショナリズムに興味のある人たちに広く知られていて影響力はあるけれど、実際の民族問題の現場からすると、ほとんど使い物にならない。ゲルナーはある程度、特定の地域だったら使うことができるし、理論仮説としては非常にレベルが高い。しかし、最も現場で通用するのは、このスミスの理論、なかでも「エトニー」という概念だと思います。

おさらいになりますが、これまで民族について扱うときに、二つの考え方があると説明しました。一つは原初主義。民族というものは古くからある。日本は神の国だから、少なくとも二六〇〇年以上の歴史があって、日本固有の「日本民族」が実体としてあるという考え方ですが、こういう考え方は学問的には完全に否定されています。「民族」という概念は、どんなに過去に戻っても一八世紀の半ばよりも前に遡ることはできません。具体的に言うと、一七八九年のフランス革命以降に流行となった現象なのです。これは、さまざまな論者の間で細かな違いはあっても、共通に認められている認識です。

そして、もう一つが道具主義。民族は想像された人工的なフィクションに過ぎず、エリートたちが自らの支配を確立するための道具としてつくっている概念であるという議論です。

しかし現実には、いくら支配者たちが民族をつくりたいと思っても、任意に民族をつくることはできない。では、「民族」のもととなるような「何か」が存在するのではないか。この問題にきちんと取り組んだのが、アントニー・スミスです。実は彼の理論は、ロシアの民族学者たち、ユーリー・ブロムレイや、ヴァレリー・ティシュコフらの議論と重なり合っているのですが、残念ながら、日本ではほとんど紹介されていない。スミスはさきに挙げた『ネイションとエスニシティ』や『ナショナリズムの生命力』（晶文社）といった優れた著作が邦訳されていますから、今回はスミスの議論をみていきたいと思います。

名前、血統、歴史、文化、領域、連帯感

まずスミスは「エトニー」という概念から出発します。これはフランス語で、古代ギリシャ語の「エトノス」からきた言葉なのですが、スミス自身による定義をみたほうが早いでしょう。

エトニとは、共通の祖先・歴史・文化をもち、ある特定の領域との結びつきをもち、内部での連帯感をもつ、名前をもった人間集団である

つまりスミスは「ネイション」はたしかに近代の産物だけれども、前近代においても存在する、そのもととなるもの、それが「エトニー」だとするわけです。ただしエトニーがそのまま民族になるわけではない。エトニーの中には、別の民族に吸収されてしまうものもある。エトニーのごく一部が民族をつくり、そのまた一部が自前の国家を形成すると考

えた。

スミスが挙げているエトニーの六つの特徴をみていきましょう。

まず、エトニーは「名前」を持っている。たとえば日本人、ロシア人。名前を持つことによって、自分たちをアイデンティファイするわけです。

名前をもたないエトニがあるだろうか（明確な命令によって名前を剝奪されたものをのぞけば）。私の知るかぎり、そのようなものはない。（略）

この名前によってエスニックな共同体の人々は、自分たちを他の集団と区別し、自分たちの「本質」を確認することになる。

名前を剝奪されたエトニーとしては、たとえば一時期のクルド人がそうでした。かつてトルコはクルド人というものは自分たちの国にはいないとして、「山岳トルコ人」と呼んでいた。しかし、一度、名前を剝奪しても、名前が戻ってくることもあるわけです。

二番目が、「共通の血統だという神話」。これは必ずしもDNAで共通の血統であるということが証明される必要はありません。共通の血統につながっているという神話があればいい。

出自や血統に関する神話は、エスニシティの必要条件であり、成員にとって、エスニックな紐帯感や感情の奥にある意味複合体のうちで、鍵となる要素である。

日本人にとっては、万世一系の天皇家が、このイメージの中心となる。これも歴史的事実はどうかといえば、『日本書紀』を読んでわかるように、武烈天皇と継体天皇では、血は全然つながっていない。きわめて遠い関係として書かれていますが、神話的なイメージのつながりがあれば問題ないわけです。

融合され念いりに仕あげられた神話は、エスニック共同体に対して、意味の総体的な枠組みを与える神話力となって、共同体の経験に「意味づけ」を与え、共同体の「本質」を規定する。このような神話力なくしては、いかなる集団も、自分たち自身あるいは他者に対して、自己規定することができず、共同行動を鼓舞することも、指導することもできない。

だから神話というのが、エトニーを形成するうえでは非常に重要になる。北朝鮮でもそうで、ピョンヤンの郊外にピラミッドがありますが、二十数年前、五〇〇〇年前の王、檀君の骨がそっくり発見されたというので、後からピラミッドをつくったわけです。

戦前の右翼の理論家で、神職の養成機関である皇典講究所理事も務めた今泉定助という人がいますが、彼は日韓合邦には賛成だけど、朝鮮神宮をつくることには反対だった。朝鮮にはもともと檀君神話があるにもかかわらず、まったく異質のアマテラスを押し付けることは、統治にとってマイナスになると。むしろ檀君神話を、朝鮮半島の統治に生かすべきだと主張したわけです。

三番目にスミスが挙げているのは「歴史の共有」です。

> エトニとは、共有された記憶のうえに作りあげられた歴史的共同体以外の何物でもない。共通の歴史をもつという意識は、世代をこえた団結の絆を作りだす。(略) それはのちの世代に、自分たちの経験の歴史的な見かたを教える。

それに続くのが、「独自の文化の共有」です。

エトニは、その成員を互いに結びつけ、同時に部外者から切り離すことを助けるような、一つあるいはそれ以上の「文化」的要素によって区別される。

日本では今でも毎年、三割以上の人たちが紅白歌合戦を見る。それによって、ナショナリズム、エトニーというのが、再生産されているわけですね。これがたとえば視聴率五％以下になったときが、日本民族が崩壊するときなんです。

五番目が、「ある特定の領域との結びつき」。いわゆる地縁です。

エトニは、つねにある特定の場所、あるいは領域との絆をもっている。エトニの成員は、それを「自分たちの」領域と呼ぶ。彼らは通常、その領域に住む。そうでない場合でも、その地への結びつきは、まさしく強力な記憶である。あるエトニが物理的にその領土を所有する必要は、必ずしもない。重要なのは、象徴的な地理的中心地、聖なる地、「郷土」をもつことである。エトニの成員が世界中に散らばり、数世紀も

前にその郷土が失われてしまったときでさえも、象徴的に帰還することのできる場所をもつことが、重要である。

これは遠距離ナショナリズムも内包する定義になっていますね。そして最後の六番目は心理的な要素で、「内部での連帯感」です。

私の用法におけるエトニは、共通の名前・血統神話・歴史・文化・領土、これらへの結びつきをもつような人口のカテゴリーというだけではない。それは同時に、しばしば博愛主義的な制度として表現されるような、確固としたアイデンティティと連帯感とをもつ共同体である。

エトニーには〈非常時や危急のさいに、共同体内の階級的・党派的あるいは地域的な分割を乗りこえてしまうような、強力な帰属意識と活動的な連帯〉が必要だと、スミスは言っています。

これら六つの要素を総合したものが、最初に挙げた定義なんですね。もう一度、確認しておきましょうか。

エトニとは、共通の祖先・歴史・文化をもち、ある特定の領域との結びつきをもち、内部での連帯感をもつ、名前をもった人間集団である

「埼玉人」はエトニーか？

理論的な枠組みを押さえたところで、より具体的なケースを論じていきましょう。

たとえば日本の中で、「埼玉人」というのはエトニーになるだろうか。

私は埼玉人ですという自己規定をする人は、埼玉県の中で圧倒的に少数派でしょう。皮肉、もしくは自虐的に言うことはあるかもしれないけれど（笑）。すると、まず集団の名前がない。

次に共通の血統神話。たとえば秩父の〇〇一族の出身だとか、由緒正しい百穴のある吉見出身であるといった神話で、埼玉県出身者が結集していると言えませんから、これも成立していない。

三番目の歴史の共有。埼玉の歴史、たとえば埼玉古墳群や明治の秩父困民党にアイデンティファイしている人は少ないだろうし、しかも、新座市民、春日部市民はそこにはおそらく含まれない。もしかしたら春日部市民は「クレヨンしんちゃん」にはアイデンティティを持っているかもしれないけれど。

独自の埼玉文化も特にありませんね。ある特定の領域との結びつき。埼玉はふるさとで、どこにいても埼玉県人会として活動するという人は限定されてくる。そして連帯感もあまり強くないとなると、おそらく「埼玉エトニー」は存在しない。したがって、埼玉エトニーをベースとする「埼玉民族」もたぶん生まれてこないと思います。

では京都人は？　これは名前を持っている。井上章一さんの『京都ぎらい』（朝日新書）を読むと、共通の血統神話も明らかに存在する。それで歴史の共有もある。独自の文化の共有もある。特定の領域の結びつきもある。すると、かなり京都人にはエトニーに近い要素があるわけです。ところが連帯感がないんですね。いざ京都に火急のことがあった場合に、日本全体や会社の利益などを超えて、京都のために団結するかというと、そこのところは希薄になってくる。やはり京都人もエトニーではない。

会津はどうでしょうか。会津人という名前があって、共通の血統神話も独自の文化もあるけれど、それはだんだん日本全体の神話の中に包摂されて、弱くなっている。土地の結びつきも同様に弱まっている。

歴史の共有は、白虎隊、戊辰戦争での敗戦があるから、一見強固にみえるのですが、実は、明治政府はその後、会津を含めた東北を重視する政策を取っているんです。たとえば陸軍の第一師団はいまの東京ミッドタウンにありましたが、第二師団はどこにあったか？仙台です。二番目にできた帝国大学は京都帝国大学なのに、ナンバースクールの二高は仙台で、京都は三高となっている。その意味では、つねに東北を重視する姿勢を示して、戊辰戦争によって生じた国家の亀裂を埋めていこうという意識を、明治維新政府は持っていたわけです。だから、再び会津で連帯して、日本全体と戦うような局面も想定しにくい。そうなると、「会津エトニー」「会津民族」も成立しなくなっている。

これに対して沖縄は、まずウチナー、沖縄、あるいは琉球という名称を持っている。それから共通の血統神話を持っている。歴史も共有している。独自の食べ物や、琉球語（あるいは琉球諸語）という形での言語文化も持っている。そして沖縄という領域と結びついている。

さらには連帯感。基地問題をめぐっては、まさに「オール沖縄」というスローガンが出てきて、企業家、従業員、農民、地域に関係なく、大方の沖縄県民が結集している。ほぼエトニーとしての資格を持っていることになる。ということは、ちょっとした条件が変化すると、「民族」になりうる。つまり、アントニー・スミスの理論からみると、沖縄が日本の中で非常に特殊な地域だということが明瞭に見えてくるわけです。現場で使える理論というのは、こういうものです。

そこでも核となるのはやっぱり言語です。現時点で、沖縄人の大多数が琉球語を話せなくても問題はない。琉球語を話すという意思があれば、それで十分なんです。さらにいえば、次の世代や、次々世代において、琉球語というものを自分たちの言葉にするという意思によって結束していくわけです。これはチェコでも、アイルランドでも、イスラエルでもそうでした。だから言語の回復を目指すという動きが出てくるときは、ナショナリズムはそうとう進み始めているとみていい。

琉球語という言語

琉球語を学ぶ上で、比較的わかりやすい入門書は、白水社から出ている『沖縄語の入門』でしょうか。琉球語とはどんなものか、その感じだけ摑むために、第一課の文章を少しだけ読んでみましょう。

アレーヌーヤガ。アヌフシヌナーヤ、ニヌファブシヤサ。ユルフニハラスルトゥチネー、アリガミアティヤンドー。ヤンナー、アンシフシヌチュラサンヤー。ヤサ。チューヤ、タナバタヤッタサー。

たぶんゆっくり聞いているとわかるのは、七夕だけだと思う。

アレーヌーヤガ、あれは何ですか。

アヌフシヌナーヤ、あの星の名は、ニヌファブシヤサ、北極星です。

ユル、夜、フニ、船を、ハラスルトゥチネー、走らすときにも、アリガミアティヤンドー、あれが目当てですよ。

ヤンナー、わかりました。アンシフシヌチュラサンヤー、本当に星がきれいだな。

ヤサ、そうだね。チューヤ、きょうは、タナバタ、七夕、ヤッタサー、だったね。

共通語のフネがフニ、ホシがフシになる。すなわち共通語の「え」は、沖縄語、琉球語では「い」になって、共通語の「お」は「う」になるんです。だから、「あ」「い」「う」の三つの母音しかない。長母音になった場合には、「えー」と「おー」がある。

関東訛りだと、「知らない」は「知らねえ」になりますね。それと同じように、物を置く「台」が沖縄ではデーになる。「前」はメーになる。さらには、口蓋化といって「さ」が「しゃ」に変わる。「釘」はクージ、「した」はシーチャになります。

こうした音の変化に加えて、琉球語には複雑な敬語体系があります。だから、日本人にとってロシア語を習得するよりも、正確に琉球語を理解することのほうが難しいと思う。特に敬語になると至難の業です。

さらに時代とともに言葉が変遷します。最初は金石文といって石に書いている文章。次にオモロやクェーナという神さまに捧げる歌になり、琉歌になって、歌曲の組踊になっていく。それから沖縄芝居を経て、現在の沖縄で使っているような方言になっていくわけですが、重要なのは、『日本書紀』『古事記』『万葉集』に相当する『おもろさうし』という独自の神話・歌謡体系があることなんですね。この『おもろさうし』に沖縄の基本的な考え方が埋め込まれている。

言い換えると、『おもろさうし』が編纂された地域、沖縄本島と久米島、伊是名、伊平屋あたりが、沖縄のコアの部分なんです。その周辺の、奄美や宮古島、八重山、石垣島、与那国島といった地域にはオモロはない。これらの地域は、実は琉球王国の植民地だったんです。

『おもろさうし』呪いの歌を読む

では、少しだけオモロを読んでみます。特に日本との関係を扱った部分を読もうと思いますが、その前に簡単に歴史について述べておきましょう。そもそも沖縄に仮名や漢字が伝わったのは、だいたい一三世紀の終わりくらいで、日本の禅僧が、仏教とともに、平安のさまざまな文化を持ってきて、そこで仮名も漢字も伝わったと考えられている。そして一五三一年から約一〇〇年かけて、首里の琉球王府が『おもろさうし』という歌謡集を作った。まだ古い時代だから、オモロには「お」の母音が使われています。

この『おもろさうし』は全二二巻、一五五四首もあります。そもそもは、節をつけて、踊りながら歌われたものですが、その節は完全に忘れられてしまっています。

岩波文庫では日本文学に分類されていますが、日本語の翻訳はしないというのが岩波文庫の基本方針だから、『古事記』も『万葉集』も『新葉和歌集』も現代語訳は付いていない。『おもろさうし』にも訳がないのですが、琉球語の訓練を受けていないと誰も読めない。そこで苦肉の策として、岩波文庫の日本文学で唯一、下に大意というのがつけられています。日本語を扱っているという建前と、事実上の外国語の古語である琉球語で書かれているという事実が、ここでせめぎあっているわけです。

では、第三巻の九七番を読んでみましょう。

地《ち》天鳴《とよ》響む大主《ぬし》／にるやせぢ　知《し》らたる／せぢや　遣《や》り／大和島《やまとしま》　治《ひち》め

まず、「地天鳴響む大主」とは、天地にその名が鳴り響いている大王ということで、太陽をさす場合と王さまをさす場合がある。ここでは琉球王をさします。つまり日本の皇統による支配の外にあって、世界を支配しているのは、太陽とその太陽の化身であるところの琉球王なんです。

次の「せぢ」が重要なキーワードで、特別な霊力のこと。ニライカナイという海の彼方の異界、楽園であると同時に、悪事もやってくる両義的な場所から、琉球やある個人にとっての危機に際して、目に見えないけれど確実に存在する「せぢ」という力がやってくる。それが人間につくと、急に頭の回転が速くなったり、常ならぬ力が出る。たとえばインクが詰まっているボールペンが急に走りが良くなるのは、ボールペンに「せぢ」がついたからなんです。この霊力が、沖縄人の集合的無意識に重要な場所を占めている。

天地に鳴り響く太陽＝われわれの若い王さまが、ニライカナイの霊力を送って、大和島すなわち日本が侵略してきたから平定しろ、という歌なんです。これは一六〇九年の薩摩の琉球入りのときに歌われたもので、おそらくは琉球王府が日本を呪う歌だと思われます。

ではラスト近くに飛んで、

ゑそこてゝ　立《た》てば／にるや底《そこ》　つい退《の》け／肝《きも》が内《うち》に　思《おも》わば／肝垂《きもた》りよ　しめれ
／肝《あよ》が内《うち》に　思《おも》わば／大地《だいち》に　落《おと》ちへ　捨《す》てれ／天が下　国数《くにかず》／大主《ぬし》す　よ知《し》らめ

訳すと、無礼な日本人どもを、ニライカナイの底に封じ込めよ、と。「にるや底」というところは一回入ってしまうと、もう出てくることが永久にできない。それで悪いものを封じ込めるために使う。「肝が内に　思わば」、心の中で沖縄に対する悪意を考えるならば、「肝垂りよ　しめれ」たちまち気力がなくなるようになれ。この「肝垂りよ」は特に強い呪いをかけるときに使う言葉です。そしてさらに、「大地に　落《おと》ちへ　捨てれ」、大地に叩き落として、完全に捨て去ってしまえ。そして、天下、国中は、太陽の化身であるわが琉球王が支配している。その状況を回復せよという呪いの歌なんです。

ほんの少し読んだだけでも、沖縄に特有の言語と文化、そして神話があって、現代までテキストとして伝承されていることがわかります。

たとえば家族制度も、日本とはかなり異なる。日本は一見、血統を重視するようにみえるけども、イエ制度があって、養子をとることができる。だから実際には、血統原理ではなく、イエによって継承されています。それに対して沖縄はトウトウメという形で家督が相続されるときに、養子では駄目で、甥に相続させる。つまり、沖縄では血のつながりが決定的に重要なんです。

これもアントニー・スミスの議論が示唆的で、彼はナショナリズムには、領域的ナショナリズムと血統的ナショナリズムがあるとしているのだけど、血のつながりのニュアンスが強いところは、土地へのこだわりが薄い。土地へのこだわりが強いところは、血統への意識が薄くなるという関係にあるわけです。それが端的に表れているのが尖閣問題で、遠く離れて、おそらく一度も行くことも直接見ることもない日本人は、尖閣という領域に激しく反応するのに対し、距離的にははるかに近い沖縄ではそれほど盛り上がらない。この差も両者のナショナリズムのあり方によって説明できる。

沖縄と日本、二つの幕末明治

さらにいえば、歴史の共有についても、日本と沖縄ではかなり位相が違います。

そもそも沖縄にとっては、明治維新なんてまったく重要ではありません。沖縄で重要なのは、一八五四年の琉米修好条約です。このれっきとした国際条約において、琉球は国際法の主体である国家として認められた。それから一八五五年の琉仏修好条約、一八五九年の琉蘭修好条約という三つの国際条約によって、地位が保全された琉球王国が、一八七九年の琉球処分によって、琉球国の承認を得ることなく、一方的に併合されたというのが、沖縄にとっての明治であり、これは解釈の違いではなくて、歴史的な事実なんですね。

この三つの国際条約の文書は、琉球処分に際して、日本の外務省によって接収されてしまい、今、外交史料館に所蔵されています。そこで今後、沖縄県の側から返還要求が出てくる可能性は十分あると思います。この問題をつきつめていって、そもそも日本への統合が合法的だったのか、というところまで、すでに議論はエスカレートしている。こうなってくると、日本の最高裁でどんな結論が出ても、沖縄の見解を変えることは難しい。占領下の植民地、宗主国の裁判所が一方的な裁定をしても、それに従う必要はないというわけです。

そもそも日清戦争の時点でさえ、まだ沖縄には徴兵制が適用されていなかった。兵隊として連れて行っても、日本と中国のどちらに味方するかわからない、というわけです。兵役に就くようになったのは、日露戦争になってからなんですね。

ところが日本から見ると、沖縄が外部だという認識がない。他者だという認識がなくて、自分たちと同じだと勝手に思い込んでいて、自分たちの町にゴミ処理場をつくる延長線上で基地問題も考えているわけです。だから、うまくいくはずがない。むしろアメリカのように、植民地だという認識の下に、よく練られた植民地政策をとれば、沖縄とはもう少しうまくやれるはずなんです。

米海軍の沖縄調査秘密報告書

そのことを考える上で示唆に富む、非常に珍しい資料があります。一九九五年に出た『沖縄県史　資料編　一』（沖縄県教育委員会）というもので、「シビル・アフェアーズ・ハンドブック」という一九四四年に作成された米海軍の秘密報告書が収められています。しかもこの『資料編』には英語版と日本語訳（『民事ハンドブック』）が両方入っているんですね。

これは、沖縄統治のためにアメリカの海軍司令部がイェール大学の文化人類学者のジョージ・マードックに依頼して、軍の特殊チームで作成したインテリジェンスの傑作なんです。同様のものとしては、ルース・ベネディクトの『菊と刀』が有名ですね。編纂自体は一九四四年の七月から始めて、一〇月の末には完成しているから、わずか四カ月でつくったものですが、非常によくできている。一九四五年の三月二六日から沖縄戦が始まりますから、その前に沖縄の全域調査を行っていたわけです。

だから沖縄に占領軍が来たとき、軍政府の将校たちが沖縄の歴史や文化についてよく知っているし、琉球語で簡単な挨拶までできるというので、沖縄の人たちが驚くのですが、そうした知識はこのハンドブックに全部書いてあるわけです。そして、将校以上で沖縄人と接触する立場にある者は、みんな、これを読んでいた。

調査の対象は「民族的起源」「身体的特徴」から「琉球語」「態度と価値観」まで一通り網羅されています。一部だけ紹介すると、「民族的立場」という項目には、

日本人と琉球島民との密着した民族関係や、近似している言語にもかかわらず、島民は日本人から民族的に平等だとは見なされていない。琉球人はその粗野な振る舞いから、いわば田舎から出てきた貧乏な親戚として扱われ、いろいろな方法で差別されている。一方、島民は劣等感などまったく感じておらず、むしろ島の伝統と中国との積年にわたる文化的なつながりに誇りを持っている。

よって、琉球人と日本人との関係に固有の性質は潜在的な不和の種であり、この中から政治的に利用できる要素をつくることができるかもしれない。島民のあいだで軍国主義や、熱狂的な愛国主義はたとえあったとしても、わずかしか育っていない。

とある。つまり沖縄に対しては差別政策が展開されている。それに対して、沖縄の側はあまりそれを気にしていない。歴史の記憶としては、中国との長年の朝貢関係を非常に重視している。それから、日本の軍国主義教育はほとんど定着していない。こうした沖縄以外の日本と沖縄の大きな差に楔を打ち込んで、今後の対日戦争に生かしていく、というわけです。

植民地を統治するということは、たとえ戦争時の短期占領という想定下においても、これぐらいのことは当然理解しておかなくてはならないんですね。それと比べてみると、いかに日本の中央政府が沖縄について知ろうとしていないかということが明らかになってくる。その気になれば、専門家と作業チームで数カ月でこのくらいのものができるんだから。アメリカ人は沖縄を外部、すなわち未知の対象だから知ろうとした。それが戦後のアメリカの占領政策の中で生かされているわけです。

日本政府の「鈍感さ」はおそらく直らない

アントニー・スミスは少数派のエトニーと中央政府の間で起きる衝突について、次のように論じています。

しばしば起こる紛争は、国家に対する忠誠心と、ネイションになることに専念している少数派のエスニックな連帯との間に、生ずるものである。この対立において、国家は明らかに不利である。国家官僚であるエリートたちは、しばしば疎遠な存在であり、信用されていない。国家官僚が作成する経済計画は、中心の「核となる」エトニやネイションの要求を、反映しがちである。国家の価値・記憶・象徴は、通常、この「核となる」エトニやネイションのものである。国家それ自体が、長い包括的な伝統をもっていない場合、支配的なエスニックな共同体が、自分たちの伝統を、その国家の残りの人口に強制しようとしがちとなる。こうなると、通常、軽視されあるいは抑圧されているエスニックな少数派の分離主義に、火がつくことになる。

これはまさに安倍政権と沖縄の間で起きている事態を見事に説明しています。

ただ、これは安倍政権が悪いからではないし、日本人が悪いからでもない。ただ鈍感なだけなんですが、それは日本という国家の中で、日本人が圧倒的な大多数、人口の九九%

を占めているという構造に起因しているわけです。

たとえば明治政府はもっと民族問題に敏感だった。それは薩長土肥という少数者が支配する体制のなかで、会津であるとか、新島襄が出た安中なんていうところも、国家統合できなかった可能性は十分にあった。それこそ江藤新平らが起こした佐賀の乱や、西郷隆盛の西南戦争のように、政権を握った側からも叛乱が起きているわけですからね。だから明治政府は国家統合のためにものすごい努力をしました。全国に学校を作って、病院を作って、道路や橋を整備した。その努力した結果、沖縄以外の日本においては均質な日本人を作り出すことに成功したわけです。そうやって作り出された九九％の日本人だから、もう民族問題など存在しないと信じていて、少数派の気持ちが恐ろしいほどわからない。これは構造上の問題だから、どうしようもない。

それから、圧倒的な少数派は、圧倒的な多数派を前にして、自分が考えていることを正直に言いません。それが一％と九九％の基本的な関係だと認識したほうがいい。だから少数者の側は、多数者のなかから自分たちの立場を忖度《そんたく》してくれる人が出てくるのを待つ、という構図になるのです。この忖度する機能を果たした人間が、山中貞則であり、あるいは梶山静六であり、野中広務であり、あるいは橋本龍太郎であり、鈴木宗男でありといった政治家たちだったのですが、いまの自民党からはそうした機能も失われています。

琉球独立論の陥穽

そんななかで、今や沖縄はそういう忖度政治を待つことに絶望して、自己主張を始めているのですが、まだ、その自己主張は十分に練り上げられてはいない。その過程として、比較的、学術的な言語で上手に自己主張を試みているのが、龍谷大学教授の松島泰勝さんです。なかでも『琉球独立宣言』(講談社文庫)が、彼の論理の中では一番完成度が高い。お薦めします。

松島さんは石垣島出身で、早稲田の政経学部と大学院を出たあと、外務省に入っています。専門調査員という形で、優秀な学者を任期付きで雇う制度があるのですが、これは思想調査をしているから、過激な思想を持った人は採用されません。その専門調査員として、グアムやパラオに勤務する中で、だんだん自分は琉球人という独自民族の一員だという自己意識を強めてきたわけです。

そうした思想の形成がよくわかるのが、この本の「はじめに」の部分です。

私は琉球を出て東京にある大学で学ぶまで「自分は日本人である」と疑問もなく思っていました。しかし「沖縄から来た」と私が自己紹介すると周りにいた日本人から好奇の目でジロジロと見られ、「どこの国の留学生ですか?」と聞かれたことが何度もありました。そのような体験をするなかで「自分はいったい何人なのか」と思い悩み、琉球の本を読み漁《あさ》りました。琉球人や日本人の仲間と議論し、自問する過程で「私は琉球人である」と自覚するようになりました。

「琉球も独立すべき」と思うようになったのは、早稲田大学大学院で島嶼《とうしょ》経済を研究テーマにし、ニューカレドニアの経済と独立運動との関係について研究したことからでした。フランスの植民地である同島でフィールドワークをしたときも琉球と同地を重ね合わせながら独立の意味と可能性を考えました。(略)

私の「琉球人意識」と「琉球独立論」をさらに深めたのが日本国総領事館専門調査員としてのグアム、日本国大使館専門調査員としてのパラオでの生活でした。グアム全島の3分の1は米軍基地が占拠し、島外企業が観光業を支配しており、琉球と非常に似た島でした。その後、パラオに行くと毎日驚きの連続でした。パラオの人口はグアムの約10分の1でしかありませんが、国であることにより、パラオ人が島の政治経済や社会において決定権を持っており、他国の政府や企業による介入や支配を許さない法制度が完備していました。（略）「独立するのと、しないのとではこうも違うのか！」とグアムとパラオを比較しながら考えました。（略）

これが、私が独立を考えるようになったきっかけです。

私は日本からの独立を宣言します。このような国から一刻もはやく離れないと、琉球人の尊厳は踏みにじられ、再び島は戦場になってしまいます。琉球独立宣言は、日本にたいする琉球人の怒りのあらわれですが、けっして机上の空論ではありません。国際法、政治経済学、国際関係学、歴史学などさまざまな研究成果と、現場でのフィールドワークに基づいた主張です。２０１３年には、独立を具体的に研究し、実践活動をする琉球民族独立総合研究学会が設立されました。今、琉球ではこれまでになく独立を求める人の声が大きくなっています。

このまま中央政府の強硬路線が続いていると、おそらく松島さんの主張に共鳴する沖縄の知識人や、政治リーダーは相当増えてくると思います。

日本では誰もそんなことを考えていない、もしくは気付いていないと思いますが、実はアメリカが沖縄独立を邪魔しないという可能性もあります。要するに沖縄が嘉手納基地を永続的に使わせるような形での安定的な協定を結ぶのであれば、別に日本から離脱したって構わないという選択もありうる。アメリカにとっては、安全保障上の、特に中国と対抗する意味での沖縄の地政学的な位置が重要なのであって、米軍基地を円滑に使えればそれでいい。沖縄と日本とのあいだでトラブルが起きて、その結果、反米運動に飛び火して、嘉手納基地が使えなくなるという状況になったら、アメリカが沖縄独立を後押しすることも十分考えられる。そのくらい民族と国家との関係は流動的なのです。

では、私自身は沖縄独立についてどう考えているか？　松島さんは私の友人で、私は彼をとても尊敬しています。しかし、実は、私は独立論に最も強く反対している一人です。それはやはり外務省での体験の違いが大きいのだと思う。松島さんが経験したのはグアムやパラオでしたが、私が経験したのはソ連であり、中東だった。何が違うかといえば、国家の暴力性に対する認識が基本的に違うんです。

中国とアメリカという帝国主義国は、日本と比べた場合、より強圧的な支配をしてくるでしょう。独立後の沖縄の外交は、これまでとは比べものにならないくらい大変なものになる。独立というシナリオは、独立論者が考えているほど簡単なシナリオではないし、それは圧倒的大多数の沖縄人にとっては幸せではない結果をもたらすと考えます。

もし沖縄が独立するとしたら、それは民衆が望むときではないでしょう。沖縄県知事が大統領になりたいと思い、沖縄県の県会議員が国会議員になりたいと思い、そして琉球新報、沖縄タイムスが朝日新聞や読売新聞になりたいと思い、琉球朝日放送がＮＨＫになりたいと思う。琉球大学が東京大学になりたいと思ったときに起きるんです。つまり地元のエリート層が自分のステイタスを上げようとするときに起きる。

民族はエリートが思うようには生まれませんが、国家という人工物は一部の支配層がでっちあげることが可能です。これは私がソ連の崩壊や東欧諸国の独立を見てきた、独立運動に関する率直な認識です。だから、独立は沖縄の圧倒的大多数の民衆とは関係ないし、民衆を不幸にする可能性のほうが高いと思う。ただし、独立の流れはいったん起きたら止まらないでしょう。

だから私は大多数の日本人に向けて、沖縄の立場、沖縄の現状を説明し、国家統合の崩壊を食い止めたいと考えています。実は独立論に対しては、翁長知事のスタンスも私と共通している。分離主義に火がつくのを防ぐために、もっと沖縄の立場を理解してほしい、というのが彼の基本姿勢なんです。私は沖縄の基地に関しても、日米安保体制を前提として、完全に廃絶することはできないと考えていますが、それを沖縄を日本にとどめる「トロイの木馬」と捉えて非難するか、少数派が生き残るための現実的方策と見て評価するかの違いなんですね。

今こそ民族問題を学ぶとき

私は、ソ連の崩壊に直面し、民族問題のさまざまな面を見てきました。そのときに体験したことを、『自壊する帝国』（新潮文庫）という本に書いたのですが、そこにはサーシャという男が登場します。彼はロシア人でありながら、ラトビアに対する植民支配をやめるべきだというので、ソ連を崩壊させる学生運動を組織し、ラトビア人民戦線を結成して、「アトモダ」（覚醒）というロシア語版機関紙の編集長もやった。私は、彼の人脈でクレムリンのいろんな人と知り合いました。

そのサーシャはその後どうなったのか？　独立後のラトビアからペルソナ・ノン・グラータ（好ましからざる人物）として国籍を剝奪され、追放されるのです。そしてプーチン側近で戦略家のスルコフのブレインとなって、今はウクライナのドネツクとルガンスクに行って、傀儡政権の政府建設の手伝いをしている。

どうして、そんなことになったのか。独立したラトビアは、ロシア人をポストからすべて追い出します。そしてラトビア語の試験を受けて合格した者にしか、国籍を付与しない。社会保障もいっさい与えない。ラトビアには無国籍証明書というおかしなパスポートがあって、ロシア人はみな、これをあてがわれたのです。

これに対してサーシャたちは、こんなことをやるために独立したのではないと怒ります。あれだけリスクを冒して反ソ運動をやった人間が、ラトビアの民族主義政策に反対してロシア人の人権擁護運動を展開し、最後は国外追放になった。

このサーシャは、いわば私の第二の青春をともに過ごした男ですが、彼の半生をみるにつけ、ナショナリズムとは何か、民族とは何か、考えざるを得ません。さらにいえば、ロシア人が、ラトビア人以上にラトビア人的になって独立運動に関与した、その結果というものをつぶさにみてくると、やはり自分の出自の民族から離れたところで、他の民族に過剰に同情する形での運動にはどうしても無理があるのではないかと思います。だから沖縄に共感する、同情するという人にお勧めするのは、極力、触らないほうがいいということです。当事者性のない人はよそのナショナリズムに関与しないというのは、守るべき一線ではないか。私は、これは非常に重要なことだと考えます。

それと同時に、私のように沖縄に対して当事者性のある人間は、沖縄の将来について、真面目に議論しないといけない。独立というシナリオが本当に沖縄にとっていいことなのだろうか。沖縄に与えられた条件のなかで、日本という国が、たとえば中国やアメリカと比べて、それほど悪い相手なのか。それから、沖縄と日本は、まったく別の民族として進んでいくべきか、それとも十分に沖縄人と日本人の複合アイデンティティを維持できるのか。そうしたことについて、やっぱり沖縄の中でゆっくり話し合っていかないといけないと思っています。

また大多数の日本人は、民族問題について、やはりもう少し感度を高める必要があるでしょう。スコットランドやウクライナで起きている分離独立への動きだけではなく、突如、浮上したかにみえるアメリカでの人種的不寛容や、欧州での移民問題、国際的に広がるテロの背景には、かならず「民族」という厄介な問題が存在している。民族オンチの日本人だからこそ、そして民族問題が地下深くマグマのように地表を揺さぶり続けている今だからこそ、ゲルナーやスミスのような優れた民族理論を押さえておく必要があるのです。

◆推薦図書⑤◆

沖縄の状況について知りたいなら、

大城立裕**『レールの向こう』**（新潮社、二〇一五年）

川端康成文学賞受賞作です。大城さんでは**『普天間よ』**（新潮社、二〇一一年）、**『小説琉球処分』**（講談社文庫、二〇一〇年）もおすすめです。

あとがき

本書は、私が同志社大学東京サテライト・キャンパスで、二〇一五年五月から二〇一六年二月にかけて行った全一〇回の講義記録を編集し、加除修正したものである。私の問題意識が明確になるので、当時のシラバス（講義概要）を紹介する。

二〇一五年春学期：ナショナリズムと国家（全五回）

〔講座の狙い〕

シリアとイラクの一部地域を実効支配するイスラム教スンナ派過激組織「イスラム国」の活動が激化している。この現象は、既存の国際社会の構造を変化させる可能性がある。近現代の国家、国際関係の基盤となっているナショナリズムも問題を掘り下げて考察することによって、現時点での世界が直面している問題の輪郭を明確にする。

第一回　五月二〇日（水）「民族をめぐる二つの方法論」

民族（ネーション）に関する原初主義、道具主義という二つの方法論について紹介し、日常生活やマスメディアが伝える原初主義的な民族理解の問題点を明確にする。

第二回　六月九日（火）「スターリン民族理論の再検討」

スターリンは、革命家、政治家であったのみならず、思想家でもあった。スターリンの民族理論を再検討することで、その負の遺産が現在にも及んでいることについて考える。

第三回　七月一三日（月）「『想像の共同体』説の限界」

現下日本のアカデミズムにおけるナショナリズム論は、ベネディクト・アンダーソンの「想像上の政治的共同体」とのネーション規定がもたらす諸問題について考える。

第四回　八月二五日（火）「心と民族の関係について」

人類学者ケードゥーリは、ナショナリズムの思想的源泉の一つに一九世紀のプロテスタント神学者シュライエルマッハーをあげる。ナショナリズムとロマン主義の関係について考察する。

第五回　九月八日（火）「『琉球独立論』について」

真理は具体的である。現下の沖縄をめぐる問題は、第三者的に見た場合、民族問題である。「琉球独立論」をナショナリズムの観点から考察し、日本の国家統合について考える。

二〇一五年秋学期：ナショナリズムと国家2　トランスクリティーク（全五回）

〔講座の狙い〕

ベネディクト・アンダーソン『比較の亡霊』とアーネスト・ゲルナー『民族とナショナリズム』のトランスクリティークを通じて、二一世紀においてもナショナリズムが人々の心をとらえ、突き動かす構造を解き明かす。同時にアンダーソン、ゲルナー両人の道具主義的アプローチの限界を明確にする。

第一回：一〇月二一日（水）「遠距離ナショナリズム」

アンダーソン『比較の亡霊』の遠距離ナショナリズムに関する言説を取り上げ、北アイルランド、ウクライナの紛争における遠距離ナショナリズムの意味について考察する。

第二回：一一月一一日（水）「耐エントロピー」

ゲルナー『民族とナショナリズム』から耐エントロピーとナショナリズムの関係についての言説を取り上げ、構造化された差別とナショナリズムの関係について考察する。

第三回：一二月一六日（水）「資本主義と民族」

ゲルナーとアンダーソンが、資本主義と民族の関係をどのように理解しているか、トランスクリティークによって解明する。宇野弘蔵、柄谷行人の資本概念を導きの糸にする。

第四回：二〇一六年一月一三日（水）「ウクライナ紛争」

二〇一四年に始まったウクライナの内戦をゲルナー、アンダーソンの方法に従って読み解いた場合の差異がどのように表れるかを明らかにし、批判的考察を行う。

第五回：二月一〇日（水）「沖縄の自己決定権」

沖縄の自己決定権をめぐる諸問題をゲルナー、アンダーソンの方法に従って読み解いた場合の差異がどのように表れるかを明らかにし、批判的考察を行う。

この一〇回の講義に続いて、二〇一六年五月から二〇一七年三月にかけて「キリスト教とナショナリズム」についての講義も行った。ナショナリズムや民族といった概念は、キリスト教文明と深い関係を持っている。二〇一七年一月に米国でトランプ政権が成立した後に起きた白人至上主義の台頭（黄禍論に発展し、日本人も差別の対象とされる可能性がある）、中東特定諸国国民の米国入国を規制する動きも、ナショナリズムとキリスト教の応用問題だ。

日本人は民族問題に鈍感といわれているが、北朝鮮が歪んだナショナリズムに基づいて核兵器と大陸間弾道ミサイル（ICBM）、潜水艦発射弾道ミサイル（SLBM）を開発し、わが国に対する脅威となっている状況下、この脅威の根底にあるナショナリズムについて無知であることはもはや許されない。

ナショナリズムが台頭する背後には、東西冷戦崩壊により、共産主義という「大きな物語」が有効性を喪失した後、アトム（原子）的個体から成り立っているとする新自由主義が社会全体を覆うことに対する人間の不安と、新自由主義モデルでは人間も社会も説明しきれないという限界感から、多くの人々が、歴史の屑籠に捨て去られてしまったと思われていたナショナリズムを再び拾い上げ、活用しているのだと思う。

本書でも詳しく述べたが、私は資本主義とナショナリズムは表裏一体の関係にあると見ている。それだから、日本では人気がある出版資本主義の台頭を重視する米国の政治学者ベネディクト・アンダーソンではなく、資本主義社会＝産業社会とナショナリズムの結びつきを重視する英国の社会人類学者アーネスト・ゲルナーに軸足を置いている。

そこから抜け落ちてしまう、エトニー、エトノス、亜民族と呼ばれる、近代より前の「民族的」現象については、英国の社会人類学者アントニー・スミス、ロシアの民族学者ユーリー・ブロムレイ、セルゲイ・チェシュコ、ヴァレリー・ティシュコフ、セルゲイ・アルチューノフから影響を受けている。

本書を上梓するにあたって、文春新書編集部の前島篤志氏にたいへんにお世話になりました。どうもありがとうございます。

二〇一七年九月二五日、曙橋(東京都新宿区)の自宅にて

佐藤優

佐藤　優（さとう　まさる）

1960年東京都生まれ。作家。同志社大学大学院神学研究科修了。元外務省主任分析官。著書に『国家の罠』『自壊する帝国』『私のマルクス』『交渉術』『人間の叡智』『世界史の極意』『サバイバル宗教論』『宗教改革の物語』など多数。

文春新書

1142

佐藤《さとう》優《まさる》の集中講義《しゅうちゅうこうぎ》　民族問題《みんぞくもんだい》

2017年10月20日　第1刷発行
2022年 9 月30日　第5刷発行

著　者　佐藤　優
発行者　大松芳男
発行所　株式会社　文藝春秋

〒102-8008　東京都千代田区紀尾井町3-23
電話（03）3265-1211（代表）

印刷所　理想社
付物印刷　大日本印刷
製本所　大口製本

定価はカバーに表示してあります。
万一、落丁・乱丁の場合は小社製作部宛お送り下さい。
送料小社負担でお取替え致します。

ISBN978-4-16-661142-3

文春新書のロングセラー

樹木希林
一切なりゆき
樹木希林のことば

二〇一八年、惜しくも世を去った名女優が語り尽くした生と死、家族、女と男……。ユーモアと洞察に満ちた希林流生き方のエッセンス

1194

中野信子
サイコパス

クールに犯罪を遂行し、しかも罪悪感はゼロ。そんな「あの人」の脳には隠された秘密があった。最新の脳科学が解き明かす禁断の事実

1094

橘 玲
女と男 なぜわかりあえないのか

単純な男性脳では、複雑すぎる女性脳は理解できない！ 「週刊文春」の人気連載「臆病者のための楽しい人生100年計画」を新書化

1265

ジャレド・ダイアモンド ポール・クルーグマン リンダ・グラットンほか
コロナ後の世界

新型コロナウイルスは、人類の未来をどう変えるのか？ 世界が誇る知識人六名に緊急インタビュー。二〇二〇年代の羅針盤を提示する

1271

立花 隆
知の旅は終わらない
僕が3万冊を読み100冊を書いて考えてきたこと

立花隆は巨大な山だ。政治、科学、歴史、音楽……、万夫不当の仕事の山と、その人生を初めて語った。氏を衝き動かしたものは何なのか

1247

文藝春秋刊